平成音楽史

片山杜秀＋山崎浩太郎
田中美登里［聞き手］

ARTES

「オレたちの音楽史」へようこそ！

片山杜秀

平成は元号です。元号は明治以来、一世一元。天皇が即位してから崩御するまでで、ひとつの元号。そして、天皇は生身。ということは、元号は記号の一種なのに、生身のようなものでもあると言えましょう。

新天皇の即位、つまり新元号の制定は、前天皇の崩御と連動するのが一世一元。ですから、元号の始まりと終わりは、歴代天皇の生身の死と結びついてきました。元号そのものが天皇の寿命であり、元号そのものが生身の命と同体であった。元号も死ぬものであった。そういうことです。しかし、平成の終わり方は、天皇自らの意向によって、この慣例を突き崩したものになる。とてつもない大事。青天の霹靂《へきれき》。近現代元号史の構造転換のときです。その意味は、ポスト平成の世に改めて問われるでしょう。

その問題はポスト平成史の領分にとりあえず任せるとして、明治から平成の始まりまでの元号は、死と結びついてきたと確認しました。生身の生き死には、人はいつ死ぬかわからないという意味で、偶然性に支配されています。ならば、偶然にもとづく時間の区切りとしての元号に依拠して音楽史（本書の場合はほぼクラシック音楽史に特化された内容ですが）を問うことに、どんな意味があるのか。そう問われる向きもあるでしょう。

たとえば一八世紀音楽史、一九世紀音楽史、二〇世紀音楽史と、よく言いますし、そういう講座や書物も現にあります。一八世紀は西暦一七〇一年から一八〇〇年まで。一八世紀が来ようが来まいが、西暦あるかぎり、端から決まっていた。遠い未来の、たとえば三七世紀も、三六〇一年から三七〇〇年までと、これまた当然、決まっている。が、その三七世紀に日本が続いていて天皇も存在し一世一元の制が続いているかどうかは神のみぞ知ることだし、何代の天皇と元号がその間に積み重ねられるかは、現時点ではまるで予測不能でしょう。元号とはかくも偶然的であやふやなものです。

では、西暦の世紀で語る音楽史は客観的で、元号で語る音楽史は主観的であるというような区別を、ことさら立てるべきなのでしょうか。そして、偶然で枠を作る元号の音楽史は、一〇〇年周期の世紀で語る音楽史よりも、説得力がないという話になってしまうのか。

いや、そうでもあるまいと思うのです。世紀にこだわったところで、一七〇一年に誰が何を作曲し、一八〇〇年に誰が何を演奏するかなんて、やはり偶然でしょう。古典派音楽史やロマン派音楽史や十二音音楽史というような概念や様式で切るならともかく、決まった時間で切る歴史は、いずれにせよ恣意的か偶然的です。決まった周期的単位（世紀）で切るか、それともたまさか天皇の意向（平成の場合ですが）で区切られる非周期的単位（元号）で切るかに、実はそれほど大きな差はないのではないでしょうか。

しかも元号が生身と連動していることには、その歴史を辿ろうとするとき、大きな意味があります。昭和天皇の六四年は長過ぎるかもしれませんが、明治の四五年、大正の一五年、平成の三一年なら、世代によっては、元号の最初から最後までを生き生きと体験し、振り返ることが可能です。二〇世紀音楽史とかですと、そうは行きません。一九〇一年から二〇〇〇年までコンサートやオペラに通って、世紀が終わってから改めて歴史を展望し纏《まと》めることは、個人の限られた人生では、常識的には不可能ですから。

そして不思議なことに平成は、明治と大正と昭和以上に世界史と切り結びやすい年に始まっている。元号を冠した音楽史では日本一国の音楽史を語ることにしか向いていないはずなのですが、昭和天皇崩御の年は「ベルリンの壁」が崩れ去った年と重なりました。冷戦構造が崩壊し、政治的にも経済的にも思想的にも大転換が起き、それが内外のクラシック音楽の世界にも大きな影響を与えて今日に至っている。一九八九年を起点とする平成音楽史は、そのまま冷戦構造崩壊後の音楽史になる。一九八九年こと平成元年は、世界と日本を共に語り始めてもおかしくない、数少ない年のひとつなのです。

山崎浩太郎さんと私は、そんな平成のクラシック音楽の推移をまるまる体験してきた年代に属していますし、司会を務めてくださった田中美登里さんは昭和と平成の転換期には、すでに第一線の放送人であられました。それぞれが限られた視野からでしかないのはむろんですけれど、とにかく「平成語り」がちょうどできる世代というわけです。

元号が生身による時間の区切りなら、それを語るのは生身で最初から最後までを体験した者の特権でしょう。かくして平成音楽史は、「オレの〇〇」みたいなものになるほかありません。

「オレたちの音楽史」へようこそ！

平成音楽史

目次

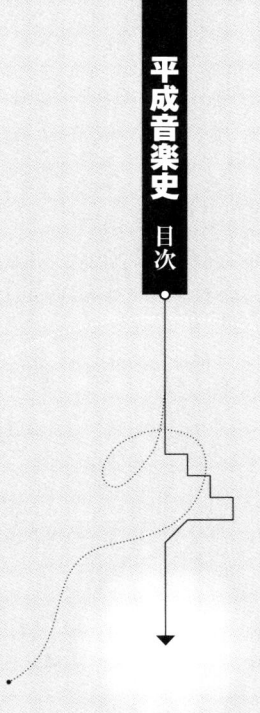

平成の始まり、昭和の終わり

♪レオシュ・ヤナーチェク／《シンフォニエッタ》

指揮：ラファエル・クーベリック

バイエルン放送交響楽団

村上春樹『１Ｑ８４』（新潮社）

田中　平成とクラシックの関係といえば、私はある小説を思い出します。その本が発売されるや、それほど知られていないクラシックのＣＤにお客が殺到する。ちょっと大げさかもしれませんが、そんな不思議な現象が二〇〇九年、平成二一年にありまし

た。村上春樹さんの小説『１Ｑ８４』。ヤナーチェクの《シンフォニエッタ》が本の冒頭に登場していました。

さて、今日は「平成音楽史」と題してお送りしようと思います。対談していただくのは片山杜秀さんと山崎浩太郎さんです。よろしくお願いします。

片山・山崎　よろしくお願いします。

田中　片山さんは政治思想史研究と音楽評論、山崎さんは「演奏史譚《たん》」、演奏史を物語ることを専門にしていらっしゃいます。お二人とも歴史をベースに考えながら音楽批評をやっていらっしゃいます。

さて、平成は一九八九年一月八日から二〇一九年四月三〇日までと予定されていますが、この三〇年間の音楽史をいくつかのテーマに分けて見ていきたいと思っています。

田中　お二人は一九六三年（昭和三八）のお生まれですよね。

片山　山崎さんが早生まれなので、学年は一年先輩なんですが、年でいうと同じです。

田中　昭和の終わりは一九八九年（昭和六四）一月七日、そして平成の始まりはその翌日一月八日からですが、平成が始まったときお二人は二五〜二六歳ですよね。その日はどんなだったか覚えていますか？

山崎　昭和天皇が崩御されたのが早朝でしたよね。寝ていたら母親に「崩御したから起きろ」って叩き起こされたのが強烈な記憶としてあります。母親は一九三八年（昭和一三）生まれですが、あの年代の人にとっての、昭和天皇がもっている強烈な大きさというか。うちの母親は別にそんなに愛国主義的な人間でもなんでもないんだけど、その異様な大きさを、叩き起こされたことで強烈に感じました。

片山　あの日はテレビにかじりついていました。当時私は大学院の学生で、夜はゼミの後輩の現役学部生と三田で呑んだ記憶があります。周囲が真っ暗でした。普段はもう少し明るいところなんですが。とにかく暗くて。それが印象に残っています。午後の明るいうちに、テレビで朝比奈隆指揮による三善晃のカンタータ《言問わむ風に》が放送されたのを聴きもしました。崩御のときのために事前に収録されていた昭和天皇追悼曲で、その放送が世界初演でした。その日だったか、翌日早朝だったか、テレビ東京では、近衛《このえ》秀麿《ひでまろ》の息子の近衛秀健《ひでたけ》が作曲した交響曲《昭和》が放送されもしました。昭和の終わりはまだクラシック音楽の権威がいまよりも強くて、クラシック音楽の新作による追悼曲が流れないといけないのではないかという固定観念を、マスコミの上層部がもっていた。あまりに早く作られすぎて、けっきょく一九八九年には流れなかった曲としては、三木稔の《鎮魂協奏曲》や湯浅譲二の《レクイエム》もありました。昭和とクラシックの結びつきの強さをあらためて感じますし、作曲家には良い時代だったのではないですか。平成の終わりにクラシック系統の作曲家による大きな作品が、マスコミの依頼でいくつも発表されるということがあるのでしょうか。そこに昭和と平成の違いがありますね。

山崎　そういうのはなさそうですね。公式の音楽、「国家の式楽」としてのクラシックという感覚は、もうマスコミにはないでしょう。

田中　私はFM東京〔一九九〇年一〇月に愛称を「TOKYO FM」に改称〕の社員で、報道部にいたんですけれども、宮内庁の発表より前に電話で呼び出され、テレビで会見を見たあとすぐに先輩のディレクターと一緒に皇居前広場に行って二日間中継をしました。肩掛け式の大きな携帯電話を持って。インターネットもない時代ですからね。

片山　大喪《たいそう》の礼のときは夜、演奏会に行ったのを覚えています。二月二四日ですね。あの日は歌舞音曲自粛とかいって、演奏会はだいたい中止になったのですが、例外があって、そのひとつが東京藝術大学の学生を中心とするゲリラ・ヴォーカル・アンサンブル「トレリンコ」という、現在は音楽学者の佐藤望《のぞみ》さんなどが入っていた合唱団ですけれども、一柳慧《いちやなぎとし》作曲、大岡信《まこと》作詩の《原子力潜水艦「ヲナガザメ」の性的な航海と自殺の唄》の初演を、以前からの予定どおり、練馬文化センターでやったのです。秋島光一さんの指揮でした。お客さんはそんなに多くはなかったでしょう。大葬の礼の日だから自粛してやめるべきだというような風潮のあるなか、強行されました。朝日新聞がその日でもやることの意味などを主催者に聞いて記事にしていましたが、ずいぶん前から会場を取って、新作も依頼して準備してきたのに、ここで日にちを変えるのはたいへんだとか、そういうあたりまえの理由が述べられていたと記憶します。たしかに二月ですし、延期して年度を変えたりしたら、学生さんだと卒業する人もいたりして、もう同じメンバーでやることはむずかしい。そうしたいわば「日常の論理」と大喪という「非日常」の激突の一例ですね。私は当時、中野に住んでいて、練馬への行き帰りはバスを使ったように記憶しますが、表に人が少なかった覚えもあります。

山崎　さすがにすごい記憶力ですね。私はあの前後に何をしていたのか、まるで覚えていません。平成という元号が発表になった日の夜に大学の後輩と自由が丘で呑んでいて、「昭和に」と乾杯した記憶だけはあります。いまから思うと赤面ものですね。

田中　さて、山崎さんが持ってきてくださったのは、この年のウィーン・フィルのニューイヤー・コンサートのＣＤですね。

山崎　一九八九年一月一日、カルロス・クライバーがついにニューイヤー・コンサートに登場！　ということで日本でも大きな話題になりました。この時期はバブル景気の真っ盛り。海外までクラシックを聴きに行く人も増えて、とりわけウィーンは憧れの「音楽の都」。この日の客席にも日本人がたくさんいた。ニューイヤー・コンサートそのものも、二年前にカラヤンが初登場したのをきっかけにスター指揮者が毎年交代で指揮するようになって、一気に華やかさを増していた。片山さんがおっしゃるとおり、日本ではほとんど歌舞音曲自粛だったんですが、ウィーンまで行けなかったクラシック好きはテレビの生中継で、興奮しながらこれを観ていたはずです。家に隠れて（笑）。

片山　そうでした。私もまだ昭和は終わらないのかと思いながら、カルロス・クライバー、観ましたね。ＮＨＫがハイビジョンでデジタル・ステレオ音声による生中継ということでやったのでした。しかし、やはり一九八八年（昭和六二）の秋冬、そして年明けの日本は異様な雰囲気でした。Ｘデーがやってくると言われていて。八八年の秋に黛敏郎の司会するコンサートに行ったら、反天皇制の人から、Ｘデー、つまり崩御の日ですけれども、当日の模様の架空実況録音という体裁のカセット・テープをもらったりしましたものね。あれはあれで面白い「作品」でしたが。あの人、誰だったのだろうか。そんな調子で、何だか日々不穏でした。

田中　天皇陛下のご容態が毎日発表されていましたね。

片山　ＮＨＫ総合の画面には、夜中はずっと二重橋が映っていたでしょう。あれは写真ではなくライヴ映像だったと思うのですが。いつそれが起きても何かがとらえられるように、二重橋が定点観測されていた。今日の血圧とか体温とかテロップがずっと出ていて。二重橋というのは、やはり天皇の象徴ですから。日本の昔の戦争映画でも「陛下は云々」みたいなナレーションが流れるときは、よく二重橋が映っている。天皇の写真や、役者に天皇をやらせるのは畏《おそ》れ多いので、天皇の代用品は二重橋と相場は決

まっていた。そういう二重橋が夜中から明け方までずうっと映っているのですから、これはやはり凄まじかった。ひとりの人間の体温、いや、神様の体温ということで受け止めていた日本人も多くいたにちがいないが、それはもう普通ではない。あげくの果てには「下血何cc」と出る。内臓から出血して下から出てくる。それが何ccであると。それを国民に伝える必要があるのか。でも、淡々とそれを毎日やっている。陛下の人権はどうなっておるのかと。下血の量をいちいち教えてくれなくてもよいのではないか。昭和の終わりの日常はたしかに非日常であった。

山崎　血液型がRHマイナスなんてことも、あのとき明かされたんでしたよね。そう

いう日々とまったく無関係な感じで、このニューイヤー・コンサートがあったわけです。あとになると、同じ年だったということを忘れているんですけれど。

片山　もう数日後には崩御でしたからね。

山崎　では、そのときの《ラデツキー行進曲》を聴いていただきましょう。カルロス・クライバー指揮、ウィーン・フィルハーモニーの演奏です。

田中　昭和の終わりの元旦の音楽ですね。私も一月七日の皇居前広場の中継で「昭和最後の太陽が皇居の杜に沈んでいきます」とレポートしました。

片山　いいですねえ。昭和最後の太陽。まさに天皇といえば太陽と関係が深いわけですし、意味が深いですね。

田中　「平成」が発表になったとき、みなさん当時携帯やスマホなんか持っていませんから、字がわからないでしょ。広場で紙に書いて、これからみなさんに見せますよなんて言ったら、人がいっぱい集まってきてね。

♪ヨハン・シュトラウス一世／《ラデツキー行進曲》

指揮：カルロス・クライバー

ウィーン・フィルハーモニー管弦楽団

1989年の世界情勢

田中　平成元年、西暦にすると一九八九年は、世界的にすごく大きな変化があった年でした。六月には天安門事件、その後東欧の民主化が雪崩のように起こっていきました。その前からペレストロイカということがさんざん言われていましたから、とうぜんのことという感じでしたか？

片山　いや、ペレストロイカはあくまでもソ連を持続させるための変革でしたから。まさかそれでソ連が崩壊するとは、ソ連研究者もしばらくは思っていなかったでしょう。私はペレストロイカ時代になってから、大学院でソ連研究の仏語文献購読の時間に出て、毎週訳していましたけれども、そこでソ連崩壊の話題なんていちども出たことはありませんでした。ペレストロイカの指導者、ゴルバチョフは冷戦を終わらせようとアメリカとかなり宥和的に外交をすすめましたから、デタント、つまり軍事的な緊張の緩和という点では、目覚ましい進展があったし、第三次世界大戦シンドロームからようやく抜け出せそうな、冷戦が大幅に緩んだという感じはありましたけれど。それと東側の崩壊とは別次元のことで。まさかソ連がポシャるとは。日本でも、ペレストロイカ推進派の、こうすればソ連は立ち直るといった本の翻訳がいくつも出て。ソ連の質的転換のはずが崩壊にいたったのだから。最近の研究の中には、ソ連の経済がそれほど行き詰まっていたわけでもないという説もある。むしろ政治や思想の硬直性をゴルバチョフがあまりにもラディカルに柔らかくしようとしたので、反応が極端に出すぎて、国家の崩壊とその後の混乱を招いたのだと。やりすぎは及ばないのと同じだという、中庸の教えに反した報いなんでしょうか。やはり悪いのはゴルバチョフですよ（笑）。もちろんベルリンの壁が崩壊したあとも、まだソ連はしばらく続きますけれども、ああいうふうにドラスティックに共産圏が崩壊していくとは。あのときは天安門事件で中国共産党も崩壊するといわれた。そちらはいまでも立派に続いていますが。

山崎　逆にむしろ、そこから発展が始まったと見る人がいますね。六〇年安保のあとで日本の高度成長が本格化していったのと同様に、あそこでガス抜きをしたんだと。

片山　あのときの虐殺もどれくらいの規模なのか、いまでもちょっとよくわからないところがありますしね。とにかく猛烈な歴史的な変化でした。私もやはり大学院生でしたから、大学に行くと、三田キャンパスの図書館の前で「中国はこれでもう辛亥《しんがい》革命期の動乱に戻る！」などと後輩を捕まえてしゃべっては興奮していました。

山崎　ほんとうに、内戦になるとか、軍閥の分裂状態が復活するとか、噂は駆けめぐっていましたね。

片山　そういうことを得々と説明している中国研究者もテレビでいましたね。もっともらしく言うものだから、ほんとうにそうなるんだと思って。いま思えば、単純に踊らされていただけですけれども。人民解放軍が一枚岩でなくて、張作霖《ちょうさくりん》時代の軍閥と変わらないもので、中国は簡単に春秋戦国や魏晋《ぎしん》南北朝の世に戻るのだという説明。

山崎　いまはいなくなったけど、たしかに中国は分裂するべきだって言う人たちはいっぱいいましたね。

片山　いつもいるんですよね。日本の右派論壇の雑誌は、中国は海側と内陸の経済格差で必ず崩壊するとか、分裂していくつかに分かれるとか主張するんです。そういう言説は、ある意味戦前から、辛亥革命のころからずっとありますから。じつはこれは中国に詳しい人ほど、必ずそういう説明になる。ということは、中国に詳しくなる、その「なり方」に、きっと何か問題があると思うのですが。

山崎　それは面白い。分裂状態のほうが常態のはずだ、と思いたくなるんですかね。ともあれ一九八九年、天安門事件の段階では、まだ中国がどうなるのかほんとうにわからない状況でした。

田中　「鉄のカーテン」といわれて、東側の情報はほんとうにどう信じていいかわからないというか、わからないことがいっぱいあって。

片山　そのちょっと前の一九八〇年代半ばの、アメリカがレーガン大統領で日本が中曽根康弘首相の時代は、むしろソ連の軍事力がアメリカを引き離しつつあって、いつ第三次世界大戦が起きるかと言われた時代でした。芥川也寸志《あくたがわやすし》が「反核・日本の音楽家」の運動を始めたりしまして。ソ連寄りの反米運動だったと、いま振り返れば、運動の核心的部分については評価すべきなのでしょうが。しかし、反ソか反米かを超えて、たくさんの音楽家が結集した運動ではありました。吉本隆明と大江健三郎の「反核論争」もありましたね。吉本は大江の反核運動をじつは反米だと批判した。ソ連の核を問題にしないで、なぜアメリカのことばかり言うのかとね。あのころのソ連の存在感は圧倒的でした。ソ連の民間経済が行き詰まっているというのは周知の事実でしたが、フランスのレイモン・アロンのような「反共思想家」は、ソ連では民需と軍需が別建てで、科学技術研究を含めて、軍事は完全に分離されているから、ソ連では民間経済が不調だから軍も同様だとはいえないとした。そこに大きなマジックがあるとした。それはそれで当たっている面もあったでしょうが、言説じたいもおそらくマジックであって、そういう言説にあおられて、ソ連を恐れる人はほんとうに恐れていた。架空第三次世界大戦ものの近未来小説や、北海道にソ連が攻めてくるポリティカル・フィクションがはやりましたよね。大正時代の架空日米戦記をしのぐブームでしたでしょう。それからほんの何年かで、ソ連はポシャってしまったわけですが。

山崎　たしかに架空戦記、たくさんありましたね。そしてソ連はいつも強面のイメージだった。ロシアになってもそれは変わっていない気がしますが。あのころ、ホロヴィッツが一九八六年（昭和六一）にソ連へ帰りました。ああいう亡命音楽家がソ連に演奏旅行できるとは、それまでは考えられませんでした。そんなふうに時代はすでに動きだしていたんですが、それでもソ連が崩壊するとまでは予想できませんでした。

片山　民主党のカーター大統領時代の腰が引け気味のアメリカがソ連を増長させて、ソ連を軍事的に優位に立たせて、その借りを返すために登場したのが共和党のレーガン大統領というのが「西側保守の歴史観」でしたね。レーガンの大統領就任は一九八一年（昭和五六）でしょう。そこから米ソ軍拡競争が再スタートして、日本には中曽根政権が誕生し、日本列島が米軍の不沈空母だと中曽根がレーガンにゴマを擂《す》って――そういう趣旨の発言ではなかったと一生懸命訂正されましたけれども――、中曽根とレーガンの蜜月が言われた。でも、ソ連のほうはレーガンでアメリカが盛り返してきたというよりも、おそらくレーガンのアメリカに単純に恐怖していたのでしょう。ソ連はスターリンやフルシチョフのころからアメリカにやられることを怖がっているばかりの国だった、おそらく実態としては。それでレーガン相手に最後の虚勢を張って、軍需に偏りすぎて、ほんとうに限界に達した。それでゴルバチョフが行き詰まった内実をさらけ出して、アメリカに対して弱みを隠さぬどころか、むしろ積極的に弱みをさらけだして、デタントをはかりつつ、再建策を講じようとしたところで、一九八六年にチェルノブイリの原発大事故でしょう。あそこからグラスノスチ（情報公開）をソ連は国内的に推し進めて、中国の文化大革命の要領で、民衆の不満をゴルバチョフが操って、いわゆる「守旧派」を叩こうとしたら、共産党そのものが全部ひっくり返されてしまったのですね。文化大革命をやったら毛沢東まで葬られてしまったというパターンです。やはりゴルバチョフの失敗です。

そのあと、旧ソ連はエリツィン時代の混乱と低迷を迎える。「失われた九〇年代」といったところですね。でも、もちろんそのおかげでソ連の支配から離脱できた国々は、中央アジアから東ヨーロッパまで数多く出たわけで、これはもう第一次世界大戦後の「民族自決時代」の再現でした。第三次世界大戦は起きなかったけれど、政治的にはそれが起きて終わったのと同じくらいの「帝国の崩壊」によるインパクトがありました。

田中　では、そのベルリンの壁崩壊から二五年以上経って、東と西の格差とか、表現の違いとかはもうない感じですか？

片山　いや、そんなことはないでしょう。ドイツはその後東ドイツを統合して、決してうまくいっているわけでもなく、格差を残したかたちで、移民の問題とかにつながっている。たとえば旧西ドイツ、旧東ドイツ、スラヴ系東欧諸国の関係は、大正・昭和初期の、日本本土、朝鮮半島、満洲みたいな関係になっているのではないですか。構造化していて、メインだけが繁栄するような構造があるのですよ。東西冷戦が終わって、ベルリンの壁が壊れて、旧共産圏が統合されて、そしてEUができてハッピーエンドで落ち着いた、というふうにはけっきょくならないままでしょう。たんにならないままでなく、その果てに破綻が起きつつある。天安門事件のときの中国のようにはなっていないにしても、政治的自由の問題でなく経済的に不自由に追いこまれてゆく反発が、イギリスでもフランスでも顕在化している。イギリスのEU脱退はわかりやすいかたちだけれども、これからは似たようなことが相次いで、東側の崩壊に四半世紀から半世紀遅れて、西側の崩壊が起きるというのが、私の見立てなんですが……。

山崎　西側も大きくぐらつき始めて、ポピュリズムのなかで議会制民主主義が機能しなくなってきている観がありますね。歴史は決してよいほうに行っているとは思えませんね。

片山　日本でいうところの平成の時代って、ちょうど第一次世界大戦と第二次世界大戦のあいだの戦間期が長く続いているみたいな感じがあるんじゃないですか。つまり第一次大戦が終わったのが一九一八年（大正七）で、第二次大戦が三九年（昭和一四）に始まるから、その間二〇年ちょっとですね。それをもうちょっと長く、三〇年くらいやっているという感じなんだけれども、やはり不安定期ですよね、この三〇年間は。

カラヤンとバーンスタイン

田中　この時代の音楽家ということを考えると、カラヤンが一九八九年（平成元）七月一六日に亡くなっています。ベルリンの壁崩壊を見ずに亡くなっちゃったんですね。対してバーンスタインは一九九〇年一〇月一四日に亡くなっていますから、壁の崩壊の一年先まで生きていたんですね。

山崎　ベルリン・フィルが本拠地としているベルリン・フィルハーモニーの建物は、壁の近くにあるんです。だから、「もし東西ベルリンが統一されたら、フィルハーモニーはベルリンの真ん中にあることになる」なんていわれていたんですが、一九八〇年代前半でも誰も本気にはしていなくて、私も夢物語だと思っていたのですけれども、ほんとうにそれが実現した。でもそのときに、フィルハーモニー建設の中心人物のひとりだったカラヤンがいないというのは、考えさせられるものがありました。

田中　そのベルリンの壁崩壊を祝って、一九八九年のクリスマスに東ベルリンでバーンスタインがベートーヴェンの第九を演奏して、これはライヴ録音盤が出ているわけですね。

column ❶

平成の指揮者

アバドの方法

山崎　ウィーン・フィルのニューイヤー・コンサートの歴代指揮者「32頁の表を参照」を見ると、一九八六年（昭和六一）までは、クリップスが一九四六年（昭和二一）と四七年の二年振っているだけで、あとはクラウス「一九三九、四一～四四、四八～五四年」、ボスコフスキー「一九五五～七九年」、マゼール「一九八〇～八六年」の三人がそれぞれ連続して指揮しています。ところが一九八七年にカラヤンが登場してから毎年違うスター指揮者が振るようになり、テレビで生中継されて話題になり、ライヴCDも毎年リリースされる——というのが、ほぼ平成時代に重なります。一九九二年（平成四）に出るはずだったバーンスタインは亡くなって出られませんでしたが、あとはクライバー、ムーティ、

山崎　当時の西ベルリンは、一九八九年の段階でも戦争後の占領状態が続いていて、西ドイツではないんですよ。アメリカとイギリスとフランスの三カ国が支配している地域という状況が続いていた。その占領国と東西ドイツと、そしてソ連のオーケストラの楽員が参加するというかたちで実現した演奏会ですね。西と東の両方のベルリンで演奏会がおこなわれたうち、東側でのものがライヴ録音された。最初にCDが出たときは、海外盤では、ベルリンの壁の破片が付録についているというボーナス盤まであって。

片山　甲子園の土みたいな（笑）。

山崎　「歓喜《フロイデ》」というところを、バーンスタインが「自由《フライハイト》」と言い換えて歌わせるという。

片山　まあ、調子のいい話ですねえ。そこがバーンスタインの愛される所以でもあるのでしょうが。

♪ベートーヴェン／交響曲第九番 ニ短調 作品125《合唱付き》第四楽章より

ジューン・アンダーソン（S）、サラ・ウォーカー（MS）、クラウス・ケーニヒ（T）、ヤン＝ヘンドリク・ロータリング（B）

指揮：レナード・バーンスタイン

マゼール、メータなど、平成を代表するスター指揮者のリストそのものといっていいでしょう。その人たちのなかで、アバドこそ平成の三〇年間においてひじょうに重要な人だと思います。というのは、ほかのスターは旧来のオーケストラ、歌劇場ができあがっているところで主にやっている人たちで、新たなムーヴメントを作った人たちではない。アバドは演奏の好き嫌いや良し悪しとは関係なく、やろうとしたことが新しかった。

アバドはカラヤンがいなくなったあとのベルリン・フィルを引き受けて、一二年間在籍した。それだけを見れば伝統の枠にとどまる活動ですが、そのいっぽうでユース・オーケストラに力を入れ、EUユース管弦楽団、グスタフ・マーラー・ユーゲント管弦楽団、モーツァルト管弦楽団などを創設して、みずから音楽監督をつとめます。そしてEUユース管弦楽団のOBが一九八

ニューヨーク・フィルハーモニー、ロンドン交響楽団、レニングラード・キーロフ劇場管弦楽団、パリ管弦楽団団員、バイエルン放送合唱団、ベルリン放送合唱団、ドレスデン・フィルハーモニー児童合唱団

田中　ベルリンの壁崩壊のあと、ビロード革命でチェコが民主化されました。翌一九九〇年（平成二）の「プラハの春」音楽祭のオープニングで、クーベリックがスメタナの《わが祖国》を指揮したのですが、このときFM東京で夜中に生中継をやったんです。向こうに行ったスタッフがクーベリックにインタビューをしたら、彼はそのときチェコを離れて亡命してイギリスにいたんですけれ

ども、出演依頼の連絡は電話と電報と手紙で来たというんですよ。インターネットがない時代で。一九八九年、九〇年というのはまだそういう時代だったんですよね。

一年（昭和五六）にヨーロッパ室内管弦楽団を、グスタフ・マーラー・ユーゲント管弦楽団のOBが一九九七年（平成九）にマーラー室内管弦楽団を結成し、アバドの協力をあおぎながらプロのオーケストラとして活動しはじめた。このように、一九八〇年代から勃興《ぼっこう》する室内オーケストラ運動を育てた人なんです。二〇〇三年（平成一五）にはその拡大版として、マーラー室内管を主体に名手が加わる、ルツェルン祝祭音楽管弦楽団を新規に編成した。

もちろん、ユース・オケの最大の目的はプロ・オーケストラ予備軍の育成です。戦後ヨーロッパの交響楽団や歌劇場の組織が老化、硬直化する状況で、アバドも参加したことのあるアメリカのタングルウッド音楽祭などを参考にして、より近代的で合理的な楽員を育てようというのが最初の意図だったかもしれませんが、そのOBが集まって新たな室内オーケストラを結成したことから、巨大組織の歯車になるのではない、より自発的なオーケストラ運動が始まった。二〇〇四年（平成一六）創設のモーツァルト管弦楽団になると、若手の育成と同時に演奏活動も本格的におこない、CDも何枚も出しました。若手が新たなオーケストラをつくる、この動きに積極的にかかわっていたという点で、アバドは同年代の他の指揮者とは決定的に違っていた気がします。

片山　そういう点では、小澤征爾がいつもサイトウ・キネン・フェスティバル［現セイジ・オザワ 松本フェスティバル］に君臨しているのとはひじょうに違う。そこでも小澤征爾音楽塾といって若者を育てていますが、アバドの場合は、集めたメンバーで勝負するわけですもんね。小澤の場合、勝負するときは水戸室内管弦楽団みたいに世界一流の演奏家を集めてきて祝祭オーケストラとしてやっていますが、アバドのやり方はものすごく違いますよね。

山崎　アバドの場合は室内オーケストラとして独立させて、アバドがいなくてもやっていけるオーケストラになっている。小澤もムーティも、あとバレンボイムもそうですが、ユースのオケを指揮することはさかんにやっているんだけど、たとえばサイトウ・キネン・オーケストラから若手がどんどん育っているかというと……。

片山 あまりそういうことではないのではないですか。若手は入っているけれども、育てるというのとは、違うように思いますが。

山崎 佐渡裕の兵庫県立芸術文化センター管弦楽団はそうかもしれません。

片山 あれは、どこかに就職できるまで、つなぎとしていさせてあげようというのが建前で始まったのでしょうけれども。雇用形態としては、契約社員だけしかいない会社みたいなものでしょうか、団員にかんしては。定年までいられるシステムではないわけでしょうから。

山崎 さっきあげたユース・オケの日本版で、オケマンとしての修行組織で、兵庫県立芸術文化センター管のOBが日本の既存のプロ・オーケストラに入団するケースがしだいに増えていますね。ただ、OBが集まって自主的にオーケストラを結成するかたちにはなっていない。ヨーロッパでこういうことができたのは、一九九三年（平成五）のEU（欧州連合）発足など、経済面でも政治面でも、時代がよかったともいえます。フライブルク・バロック管弦楽団などのピリオド・オーケストラが次々と結成されていくのと同じ年代ですね。一九八〇〜九〇年代。ピリオド、モダンと分けずに、ヨーロッパのオーケストラをめぐるひとつの運動と考えると、ひじょうに重要な問題だと思います。

片山 その場その場でメンバーを集めてくるという。

山崎 アメリカ的な組合がオーケストラにあって、理事会に雇われているというのとは違う、より柔軟なかたちですよね。

片山 高コスト体質からも脱却できる。スポンサーとかレーベルが力を失っていく時代に見合ったかたちのものなんでしょうね。

山崎 永続する組織がすごいというのは二〇世紀的な考え方ですよね。ベルリン・フィルとか、アメリカの交響楽団とかができてくるのは一九世紀後半で、二〇世紀に全盛をきわめるわけですが、そこに限界がくることを予感していたのがアバドだと思います。

片山 アバドがやっているときは、どんなオーケストラなのか名前を見てもわかりませんでしたが、結果的にはいま世界中がそうなってきている。何人雇うとか、ちゃんとした組織ではなく、腕のいい、筋のいい人が集まって、ゆるい結びつきでやっている。

山崎 ユニオンというよりはギルド、職人の組合みたいなものですね。ドイツでは一九六〇年代生まれ以降の若者が早くから組織的な英才教育を受けることができたそうで、それによってヴァイオリンのフランク・ペーター・ツィンマーマンとかクリスティアン・テツラフ、イザベル・ファウスト、ヴィオラのタベア・ツィンマーマンなどすぐれた弦楽器奏者が突如として輩出した。同様の教育を受けた優秀な連中が、モダンやピリオドの室内オーケストラを結成することになったようですね。

片山 プルードンのアナルコ・サンディカリスム（無政府組合主義）みたいな感じで、みんなフラットになる。

山崎 そういう意味ではアバドもカリスマではないんですよね。

片山 そうそう、それで批判されましたよね、つまんないと言って。

山崎 カラヤン、フルトヴェングラーのようなカリスマに慣れた人にとっては、ベルリン・フィルのトップとしてはじつに魅力がない。

片山 それでも、あとから考えれば、アバドのほうが先を見ていたわけですね。それが時代のスタンダードになっていくのがこの三〇年と見ればいい。

山崎 そうだと思います。ブリュッヘンが一九八一年（昭和五六）に創立した一八世紀オーケストラも運動としてはひじょうに似ています。アバドは指揮者としてキャリアを始めたけれど、ブリュッヘンはリコーダー奏者から指揮者になった人で、ギャラは指揮者も奏者も平等に分けたといわれています。ピリオド・オーケストラを自分で作って器楽奏者から指揮者になったという点では、いまのミンコフスキなども、考え方は似ていますね。平等意識の前提として、楽員たちの知識と教養が技術とともに上がったというのがひじょうに大きい。

片山 昔だと楽隊を育ててアンサンブルにはできるんだけれど、それがそのうちに特定のカルチャーをもってしまう。ベルリン・フィルとかウィーン・フィルなど歴史のある組織に変なのが入ってくると、「われわれの流儀と違う」とかいって排斥するとかね。もちろんその流儀も含めて面白かったわけですが。ムラヴィンスキーとレニングラード・フィルとか、ライナーとシカゴ交響楽団とか、セルとクリーヴランド管弦楽団とか。家元制度みたいに、それぞれ特定のカルチャーがあって、この曲を弾くときは必ずこうするんだという流儀をみんなで楽しむという。それが、山崎さんのおっしゃるとおり、楽員の教養が上がり、グローバルになって、この時代のこの様式を真似てみよう、とか自分たちで考えるようになった。

山崎 昔だと様式なんてどうでもよくて、俺はいつもこうやってきたんだから、これで行くんだという感じだったのが、いまのオケの団員は、語らせればいくらでも歴史や国ごとの違いとかを論じられる一家言ある連中が集まっている。そのなかで、指揮者と楽員の関係が、昔だとまさに将軍と軍隊みたいだったのが、そうではなくなって、親方と職人たちのひとつのチームだという発想に行き着く。アバドはベルリン・フィルでもそうであろうとした。ラトルはそれを引き継いだ感じですが、それだけにラトルが具体的にどんな新しいことをやっているかというとむずかしい。

片山　ラトルの個性を考えると、なんかチャランポランなイメージがある。でも、たしかに楽曲楽曲に対応するかたちで、その対象のポテンシャルを引き出すことはできているわけですよね。ラトルの「芸」とは何かと言うと何だかわからない。アバドもそうやって批判されたわけでしょ、ムソルグスキーや珍しい曲ばかりやっている人といって。けっきょく評論家やファンは、指揮者をレパートリーと解釈の芸風で見ようとするから、アバドなどは彼らにとっては意味不明の存在ということになる。でもそれは、われわれより上の世代の物差しが合わなくなっただけなんです。一九八〇年代とか九〇年代は、批評やファンが対応できていなかった。音楽に詳しい人ほどわかっていない人が多かったかもしれません。

山崎　一九世紀以来、英雄主義、個人主義が正しいという感覚がありました。たとえばベートーヴェンがいて、ワーグナーがいて、フルトヴェングラーがいて、カラヤンがいて……という流れで音楽を見ていくんですね。日本では指揮者とピアニストがとくに人気がありましたが、彼らはひとりで責任をとるからわかりやすいんです。

片山　その個人の解釈を楽しむわけですね。映画を観るときに監督の名前で観るみたいに。それがこの三〇年で崩れたんですね。まずは古楽の団体特有の考え方として現れて、モダンのオケには偉い指揮者がいるけれど、このごろは個性のない指揮者が増えてきたな、みたいに捉えられた。でも、古楽だけのことかと思っていたら、いつのまにかラトルが指揮するベルリン・フィルやロンドン交響楽団でもそうなってきて、N響もノリントンが指揮するときはノン・ヴィブラートでやるようになった。例外と思っていたものがあたりまえになってきたのがこの三〇年ですよね。モダンとピリオドが混ざるということは、一九九〇年代には考えられなかったです。

山崎　現代ではモダン楽器の交響楽団がピリオド・スタイルを平然と使いわけるようになりましたからね。楽員の側にそういう知識と能力がある。ピリオド楽器出身の指揮者もモダンのオーケストラの指揮台にどんどん進出した。どこまで自分の流儀を貫けるかは、いろいろあるようですが。

片山　それで失敗してしまう人もいるけれど、値打ちをうまく上げて場所を作っていくことで、大成功を収めたのがアーノンクールですね。

山崎　ウィーン・フィル、ベルリン・フィルを普通に振るようになりましたからね。

ウィーンフィル・ニューイヤーコンサート 歴代指揮者

元号／西暦	指揮者	(回数)
昭和14-19／1939-1944	クレメンス・クラウス	(1～5)
昭和20／1945	中止	
昭和21-21／1946-1947	ヨーゼフ・クリップス	(1～2)
昭和22-29／1948-1954	クレメンス・クラウス	(6～12)
昭和30-54／1955-1979	ヴィリー・ボスコフスキー	(1～25)
昭和55／1980	ロリン・マゼール	(1)
昭和56／1981	ロリン・マゼール	(2)
昭和57／1982	ロリン・マゼール	(3)
昭和58／1983	ロリン・マゼール	(4)
昭和59／1984＊1	ロリン・マゼール	(5)
昭和60／1985	ロリン・マゼール	(6)
昭和61／1986	ロリン・マゼール	(7)
昭和62／1987	ヘルベルト・フォン・カラヤン	
昭和63／1988	クラウディオ・アバド	(1)
昭和64／1989＊2	カルロス・クライバー	(1)
平成2／1990	ズービン・メータ	(1)
平成3／1991	クラウディオ・アバド	(2)
平成4／1992	カルロス・クライバー	(2)
平成5／1993	リッカルド・ムーティ	(1)
平成6／1994	ロリン・マゼール	(8)
平成7／1995	ズービン・メータ	(2)
平成8／1996	ロリン・マゼール	(9)
平成9／1997	リッカルド・ムーティ	(2)
平成10／1998	ズービン・メータ	(3)
平成11／1999	ロリン・マゼール	(10)
平成12／2000	リッカルド・ムーティ	(3)
平成13／2001	ニコラウス・アーノンクール	(1)
平成14／2002	小澤征爾	
平成15／2003	ニコラウス・アーノンクール	(2)
平成16／2004	リッカルド・ムーティ	(4)
平成17／2005	ロリン・マゼール	(11)
平成18／2006	マリス・ヤンソンス	(1)
平成19／2007	ズービン・メータ	(4)
平成20／2008	ジョルジュ・プレートル	(1)
平成21／2009	ダニエル・バレンボイム	(1)
平成22／2010	ジョルジュ・プレートル	(2)
平成23／2011	フランツ・ウェルザー＝メスト	(1)
平成24／2012	マリス・ヤンソンス	(2)
平成25／2013	フランツ＝ウェルザー・メスト	(2)
平成26／2014	ダニエル・バレンボイム	(2)
平成27／2015	ズービン・メータ	(5)
平成28／2016	マリス・ヤンソンス	(3)
平成29／2017	グスターボ・ドゥダメル	
平成30／2018	リッカルド・ムーティ	(5)
平成31／2019	クリスティアン・ティーレマン	
？元年／2020	アンドリス・ネルソンス	予定

＊1：衛星モノラル生放送　＊2：衛星ステレオ生放送　NHK教育テレビで開始

ソ連崩壊後、ロシアの象徴ゲルギエフ

山崎　それとはまた別の存在として、ゲルギエフという人も重要だと思うんですよ。まだニューイヤー・コンサートの指揮者のリストには入っていませんが、一九九〇年（平成二）にソ連が崩壊したあとの状況から出てきた、平成期のロシア音楽界を象徴する人。ロシアがどん底に堕ちたあとにお金を集めてこれる存在ですね。指揮者というのは、どれだけお金を集められるかという手腕を問われるところがあります。スポンサーが付いているからよい活動ができるというのと、才能があるからスポンサーが付くというのは、けっきょくは「ニワトリとタマゴ」で、どちらが先というものではない。ゲルギエフはお金を持ってくる手腕があり、それでマリインスキー劇場を活性化させ、世界中でひじょうに忙しく活動している。

片山　いつ練習しているんだかわかりませんね。

山崎　練習なんかしなくてもテクニックだけでもっていっちゃうみたいな、ある意味でオーケストラお化けみたいな指揮者で、あれはあれでひとつのかたちなのかなあと。

片山　たしかに、あれはあれで機能化した指揮者とオーケストラですね。誰かがとつぜん振りに来ても初見でできちゃう、機能主義の極限みたいなかたちですね。

山崎　オーケストラの水準が上がって対応能力が上がり、それを利用することでやれてしまう。

片山　ゲルギエフは、外国の首脳と会見するときのプーチンみたいに、ものすごく遅れて、ギリギリに来たりするんでしょう。アシスタントにゲネプロまでさせてしまって、本番の時間だけやってきて、またいなくなるとか。そういう話を聞いています。それでできてしまうのは、要するにいつもやっているからですね。レパートリー・システムみたいなものです。プロコフィエフやショスタコーヴィチやチャイコフスキーは、みんな彼らにとってはレパートリーなのでしょう。すごいことだけれども。とにかく、プーチンとゲルギエフってどこか似てるじゃないですか。遅れてくるのだが、やっぱり主役、恐れ入りましたというところが。

山崎　なかなか姿を現さないことで神秘性を高める。主導権を握る。宮本武蔵みたいですね。練習しないほうが集中できてうまくいくとか、昔でいうとクナッパーツブッシュみたいだけれど、でもぜんぜん違うんですよね。

片山　たぶん、クナッパーツブッシュみたいなマジックは起きないですね。

山崎　そういう意味ではゲルギエフは魅力的な指揮者かというと、そうではない。

片山　ゲルギエフはだいたいこうなるだろうというのがありますよね。練習指

揮者がよほどゲルギエフのようにやれるのでしょう。何人くらいアシスタントがいるのでしょうか。みなさん、鍛えられていると思いますね。

山崎　お金を持ってくるという意味では小澤さんもそうですよね。日本の地方音楽祭でオペラをやれるのは、セイジ・オザワ 松本フェスティバルだけですよね。日本全国に音楽祭は増えましたが、せいぜいオーケストラ演奏が限界で、オペラをやれる音楽祭は松本だけ。そういう意味では、小澤さんはやはり日本で唯一の人であり、日本人の憧れですね。二〇〇二年（平成一四）にはニューイヤー・コンサートも指揮して、日本人の夢をかなえたような存在ですから。

片山　そうですねえ。

山崎　ところで、そのニューイヤー・コンサートのライヴCDの話なんですが、一九八九年（平成元）のカルロス・クライバーのときは半年くらいあとで出ました。ところが二〇〇〇年（平成一二）のムーティ、〇一年のアーノンクールのころから、本番の二週間後くらいの超特急で発売されるようになりました。

片山　そのころからニューイヤー・コンサートが極限的に商業化したということですね。

山崎　まさにそうですね。そしてそういうクラシックというのは、意外性とか人を不安にさせるような要素とかはあってはならない。とにかくおめでたい、毎年恒例の宗教行事のようなもの。ニューイヤー・コンサートだけでなく、ウィーン・フィルの存在そのものもそうですが、けっきょく何も新しいことをやらない。古楽出身のアーノンクールも体よくそのなかに取りこまれた感じ。毎年多少曲目は違うけれど、基本的にはウィンナ・ワルツだけですよね。いつも同じだけど、ちょっとだけ違うところを楽しむという。

片山　お正月はウィンナ・ワルツという世界の共同幻想に訴えて、しかもサッカーとかオリンピックみたいに放送権料でお金を集めてしまうわけでしょ。CDもどれくらい売れているかはわからないけれど……小澤のときは売れましたよね。

山崎　あれは日本で八〇万枚とか一〇〇万枚とかいわれてますね。たしか、アーノンクールもオーストリアではそのくらい売れているんですよね。

片山　最近はどうなんですかね。ドゥダメルとかムーティのニューイヤー・コンサートのCDが売れたという話は聞きませんが。

山崎　平成最後のニューイヤー・コンサートの指揮者は初登場のティーレマンですね。ティーレマンでCDも売れるんでしょうか。

片山　ティーレマンは、ドイツ帝国時代や第三帝国時代の軍楽をやってほしい。まじめな話……いや、半ば冗談ですが。でも聴きたい。どうせやるならそこまでやってほしい。プフィッツナーをやるなら、マックス・トラップまでやってほしい。

復古主義者 ティーレマン

山崎　ティーレマンは、ドイツ、オーストリアの典型的な存在として出現して、過去の伝統を継ぐ指揮者だろうといわれていますが、新しいものは積み上げられない印象があります。

片山　ロマンティックな指揮者というイメージはありますが、それ以上の魅力というのは私にはわからない。

山崎　ドイツ音楽らしいものを守っていってくれる人。

片山　守るというのはどうしても復古主義ですよね。ナチ時代で一度切れて、マイナー・レパートリーとしては残っているけれど、メジャー・レパートリーとしては復権していないものを蘇らせようという意欲はありますね。一九三〇年代、第二次世界大戦期のドイツのプログラムとか。

山崎　彼にとって新しいレパートリーというのはあのへんしかないんですかね。

片山　それ以外に対応力を示したのは聞いたことがないですね。

山崎　そういえば、クライバーもレパートリーが限られていて拡がらない人だから、ある種の古典芸能として、落語でいえば八代目の桂文楽が限られた作品をずっとやっているみたいな感じでした。カラヤンがやってきたことなどを引き継いで、さらに狭いかたちでやってきただけだから。そうして身心が衰え、しなやかさを失うとともに、最後は世捨て人みたいになっていった。ティーレマンはもう少し広いし、よくも悪くも健康的だけれど、ドイツ音楽中心で狭いですね。ティーレマンも一時期、燃え尽き症候群じゃないかっていわれた時期がありました。ワーグナーをやってベートーヴェンをやって、ずっと若いときから同じ曲ばかりやっているから、けっきょくオーケストラを取り替えていくしかない。いまはドレスデンですが、その次はどこへ行くんでしょう。あとはウィーンかベルリンしかない。で、次は何をやるの？という。

片山　次はケーテンの教会でバッハのカンタータとか（笑）。縮小していきますよね。やはりバンベルク響とか、シュターツカペレ・ドレスデンとか、ゲヴァントハウスとか、オケごとの独自の音があって、それとこの指揮者が合わさるとおのずとこうなるという幻想は、まだ一九七〇年代までは実体化できたかもしれないけれど、八〇年代くらいにはもうかなり揺らぎましたよね。その幻想でもっていこうと思っていても、いまの時代どこのオケも均質化してしまって、独自の音色なんてない。そういうのはもう終わったんですよ。

山崎　魅力のない繰り返しになる。古典芸能が形骸化したときの悪い面みたいな。実演ならそれでもとにかく残っていることに意義があるけれど、それをCDのようなメディアに固定していくというのは合わなくなっているんですね。

片山 そういう末期症状のなかでなんとか生き残る形態もあって、それがアバドのやり方や古楽オーケストラとか、名人でやる室内楽とか、コパチンスカヤやクルレンツィスみたいな異常さとか、あとはゲルギエフのようなグローバルの極限みたいなものでしょうが、いまはティーレマン・モデルというのは埋没してしまってもたないのではないでしょうか。

最後の信仰、ヴァント・ブーム

山崎 ヴァントみたいな人も平成時代に間に合っているんですよね。アバドのベルリン・フィルで満足できないファンが、ヴァントとベルリン・フィルのブルックナーを世紀の変わり目くらいに聴いていたんですね。

片山 ヴァント・ブームというのは最後の信仰でしたね。ドイツのカリスマ指揮者ヴァントが、ドイツ的な交響曲をベルリン・フィルで振るとすごいんだという。

山崎 もともとは同い年のチェリビダッケなどにくらべてもはるかに即物主義的で、そういうロマンティックな巨匠というタイプではなかったのに、どんどんそんな幻想に包まれていきましたね。その意味では、いまN響ではブロムシュテットの人気がとても高いですが、ブロムシュテットのもっている音楽性とお客さんが求めているものも、なんかズレている気がするんですよね。

片山 スクロヴァチェフスキもそうでしたけどね。スクロヴァチェフスキやブロムシュテットは近代的で新しい指揮者で、カリスマとか自分固有の表現ではない機能的な人で、ヴァントもほんらいはそうなんだけど……いわゆる精神性とかとは関係ない人たちですよね。

山崎 ある意味それが崩壊したなかで育ってきた人たちですね。

片山 ところが、年をとって昔ほどシャープではなくなってくると、巨匠化したということになって、ありがたがる。

山崎 昔から「自分は○○の最後の時代に間に合った」とかって、ファンはよく言いたがりますが、爺さんの音楽家はたぶんみんなそれなりに素晴らしいんですよ。で、爺さんなんだから長くは生きていないので、最後の時代に決まってるんですよね（笑）。そして、そのころはつまらなかった中堅が、次の時代には年をとっていい爺さんになる。いまはハイティンクがすごくありがたがられるようになりましたが、昭和のころは面白味のない中堅だった。これからもその繰り返しでしょう。その意味ではティーレマンも、あと二〇年、今のままで続ければ、「最後の大巨匠」と呼ばれるでしょうね。

バブル期ＣＤ花盛り

田中　一九九〇年代には急速にインターネットが普及して、音楽の流通が変わっていきました。その後さらに音楽配信などが始まっていくんですけれど、ＣＤはこのころまさに花盛りでした。

山崎　まだ平成の最初の年くらいはバブル景気が続いていたのと、一九八二年（昭和五七）に登場していたＣＤが広く普及したことによって、ＬＰからＣＤへの買い替え需要もあり、レコード業界はバブル崩壊後も一九九〇年代前半はすごく景気のいい時代が続きました。ＬＰより圧倒的に手軽で、売るのも買うのも聴くのも簡単になって、街なかでも聴けるようになりました。ＬＰだとカセット・テープに録音してからでないと、ウォークマンでは聴けなかった。

片山　一九九〇年代からゼロ年代までずっとそうだったと思いますけれど、昔のＬＰがどんどんＣＤ化されたり、新録音も出ましたね。しかもメジャー・レーベルもまだ元気なうえに、ＣＤなら比較的安い制作費で作れるから、マイナー・レーベルがどんどん出てきました。私などの個人的な趣味で二〇世紀の音楽をたくさん聴きたいと思っていても、ＬＰ時代だと、なんでもかんでも録音されるというわけではなかったんだけれども、ＣＤ時代になったら飛躍的にディスクの種類が増えました。古楽もそうですが、それまでは録音までいかなかったような曲もどんどん聴けるようになって、まさに「わが世の春」ですね。ＬＰ時代はアメリカのマイナー・レーベルが出しているレコードを、特殊な輸入盤店で買うくらいしかなかった。ふつう日本では手に入らないし、通販も、当時はまだネットもなくて、時間もお金もかかってたいへんでしたからね。

山崎　出ているはずなのに買えない、店頭にはない、というレコードがいっぱいあったのが、ＣＤ時代になってあたりまえに買えるようになった。輸入盤の場合は円高という背景もあるでしょうけど、その変化はすごかったですね。

片山　ほんとうに幸せな時代になりました。

山崎　フィジカルな「モノ」といったらいいのか――ＣＤもそうですが、パソコン上のデジタルなデータをインターネットでやりとりするのではなく物質、モノとして買うということが、一九九七、九八年ごろまでは拡大を続けていました。バブル景気は一九九一年（平成三）くらいで崩壊してしまうけれども、なんだかんだ言いながら「モノを買う」という生活、消費生活そのものは、一九九七、九八年ごろまでは拡大を続けましたし、その後も徐々に下がりながらではあるけれども、ゼロ年代くらいまでは続

いていた。

片山　私の感覚では、いまでも現代音楽のＣＤはどんどん出ますから、まだわが世の春ですね。さらにネットでも、いくらでもタダで珍しいものが聴けるから、ますますわが世の春。むしろ幸せですね。ここ三〇年は、世界全体で考えると、日本も含めてですが、政治や経済のことを考えたらたいへんだと思いますが、クラシック音楽ファンにとってはもう春ですね。ずーっと春が続いているような感じです。幸せだなあ！

山崎　ヒストリカルのジャンルでも、昔は考えられなかったようなものが普通に聴けていますから、その意味では幸せですねえ、たしかに。

冠コンサート・象の《アイーダ》・三大テノール

田中　バブルの時代は冠《かんむり》コンサートがたくさん開催されましたよね。

山崎　私は一九八〇年代半ばにジャパン・アーツという音楽事務所でアルバイトをしていたのですが、アントニオ・ガデス舞踊団というスペインのフラメンコ・グループが、一九八六年（昭和六一）にジャパン・アーツの招聘でやってきて、いまはなき新宿文化センターで数週間ブチ抜きの連続公演をやったんですよ。

田中　すごい。

山崎　あのときは伊勢丹百貨店が冠スポンサーでした。ジャパン・アーツ側にもそういう発想はなかったんだけれど、広告代理店あたりが「冠でやりませんか」と話をもってきて、伊勢丹も創立一〇〇周年でちょうど新宿だしということで乗ったんですね。そうしたらバーンと売れて。それ以降、一九八〇年代後半くらいから、クラシックでも一気に冠コンサートが増えたように思います。コンサートといえばなにか冠が付いているという、広告代理店的、電通的なかたちがあたりまえになっていった。一九八〇年代後半、バブル景気の前くらいから始まって、バブルのなかでグワーッと拡大していったような感じがありましたね。

田中　三大テノールも、やはりそれくらいの時期ですよね。最初は一九九〇年（平成二）、ローマのカラカラ浴場で開催されました。

山崎　日本ではまだJリーグも始まっていなくて、ワールドカップといってもサッカー・ファン以外には親しみのない時代ですね。

田中　決勝の前日にやったんですね。

山崎　そうそう。このころからスタジアムでやるコンサートもあたりまえになって。

田中　東京の国立競技場でもやったんですよね。しかも梅雨の時期で奇跡的に晴れたみたいですけれど。

片山　私も三大テノールには行きました。スポンサーから親にチケットがまわってきまして。

田中　東京ドームとか横浜アリーナでもあったんですよ。

山崎　最初はワールドカップと無関係に、東京ドームでやったような気がしますね。

片山　東京ドームでは、ほんものの象が出てくる《アイーダ》とかありましたね。

山崎　ありました。幕間に象が曲芸をしているのがけっきょくいちばん受けていたような……。公演そのものはなんかいまひとつ冴えなかったように記憶しています。

片山　三大テノールとか象の《アイーダ》とか……そういう時代でしたね。

田中　いまから考えるとちょっと漫画チックというか。でも三大テノールによって、オペラってこういうものかとはじめて知った人もいたでしょうね。

山崎　影響は大きかったと思いますよ。クラシックの世界では、それまでの日本ではあまりテノールは評価されていないんですよ。テノールというと、テノール馬鹿みたいな言い方があって。

片山　そうでした。テノールが好きだと知性が疑われるというか。アマチュアのコーラスでも、テノールはそういうキャラクターになっていた。

山崎　マリア・カラスに代表されるように、ソプラノが大好きなオペラ・ファンや音楽評論家はいっぱいいるんです。ヨーロッパではオペラといえばテノール歌手が花ですけど、日本ではあんまり評価されていなかった。だから一九八〇年代前半までは、パヴァロッティのようなスター・テノールは日本には呼べないといわれていました。日本ではその高額なギャラに見合うだけの入場料収入が得られないので、呼び屋さんが手を出さないといわれていたんですね。それが、三大テノールのスタイルだったら来られる。スタジアムで五万人動員しちゃえばいい――ということでやってみたら、テノール人気、嫌な言い方をすれば商品としての価値が顕在化した。価値観の転換点として大きかったと思います。

田中　横浜アリーナでやったときに、あまりクラシックを知らない従妹と行ったんですけれど、そうしたら彼女が「三大テノールってこんなにおじいさんなの？」って。

片山　もっと若い美男子を想像していたんですね。

田中　テノールはだいたい若い美男子役ですからね。

山崎　そうそう。

田中　それでは、一九九八年（平成一〇）に三大テノールがパリで公演をしたとき、ジェイムズ・レヴァインが指揮をしているライヴＣＤから、《オ・ソレ・ミオ》を聴いていただきましょう。

♪カプア／《オ・ソレ・ミオ》

ホセ・カレーラス（Ｔ）、プラシド・ドミンゴ（Ｔ）、ルチアーノ・パヴァロッティ（Ｔ）

指揮：ジェイムズ・レヴァイン

パリ管弦楽団

＃MeToo運動——女性目線のクラシック

田中　パリでおこなわれた三大テノールの公演のライヴ盤、指揮はジェイムズ・レヴァインでした。そういえば、レヴァインさんも＃MeToo騒動で……。

山崎　このライヴ盤の時期からは想像がつかない騒ぎになっちゃいましたね。

片山　ほんとうに根深い問題ですね。音楽業界だけでなく、いろんな業界であたりまえに通用してきた昔からの慣行みたいなものが、市民社会というかグローバル・スタンダードのものさしで規定され、しかも歴史的にさかのぼって糾弾される。

山崎　そう。時効がないんです。

片山　そうなんですよね。そうするとたぶん、ほとんどみんな引っかかるはずなんです。それなのに、特定の人が槍玉に上がる。陰謀とはいいませんが、じゃあなんであいつは無事なんだと。これから無事じゃなくなるのかもしれないけれど、そこらへんは多分に政治的な要素もからんでいる。でも政治的なことだと言っちゃうと、いやそういうことじゃないんだという話になって、たぶんまだまだ今後も、いろいろな人がやられるのではないでしょうか。

山崎　そうでしょうね。

片山　レヴァインなどは一九八〇年代から、なかば公然たる噂としてあって、だけど問題にはなっていかないという状態でしたから、問題になったときには「なぜいまごろになって」という話もありました。でも、いままでは問題にすることができなかったということでもあるのでしょう。社会の価値観が変わったということですね。柳田國男はそういう価値のレヴェルの変動は三〇年くらいかかると言っていたと思いますが。「女子に対するあらゆる形態の差別の撤廃に関する条約」が発効したのが一九八一年（昭和五六）で、日本で男女共同参画社会基本法が公布されたのは一九九九年（平成一一）ですから。そうした思考が生まれたときからあたりまえになっている人が社会の中堅に来るのが二〇一〇年代でしょう。なるべくしてなるのが世の中です。日本の音楽業界だって、その前はとんでもないことがまかりとおっていて、そちらがあたりまえで、異を唱えたら村八分でしょう。

山崎　昭和期なんてたいへんなことばかりですよ。

片山　某有名大学の作曲科を女子が志望すると、某有力教授がその娘さんのみならず、お母さんも含めて、両方の体を要求するなんてことがあったという噂もききましたよ。これを親子丼ぶりと申していたわけです。

山崎　なるほど。女子大生残酷物語みたいなことが現実にあったのですね。しかもそんな言葉を作って悦に入っている。

片山　いまなら許されないことが、ひと昔前は常識で、いまでもそれに近いことを信じている化石のような人はいて、何がおかしいんだと開き直る人もいる。でも世の中は変わってしまったのだから、化石は化石としての自覚をもたないと。

田中　演奏の指導も、体に触ったりするじゃないですか。いまはもう触っちゃいけないということになっているらしいです。

山崎　声楽なんてやはり体の使い方にかかわってきますからね。

片山　業界は違いますが、昔、俳優座の養成所なんかで、女優が触られるということで、やはり一九六〇年代くらいに問題になっている。主事の先生は辞めろとか。いまの言葉でいえばセクハラだということですよね。女優の卵が演技指導で、腹式呼吸ができているかとか、いちいち体を触られてしまうわけです。

山崎　セクハラという言葉ができたことによって、それがいけないことだと認識しやすくなりましたね。おたがいに概念として理解しやすくなった。

片山　スキンシップが大切とかいって抱き合ったりとか。スキンシップは社交のはずなのに、抱き合うのはセクハラなんだとか。解釈の問題でもありますね。

田中　デュトワさんもポストを追われてしまいました。

山崎　別の場所で復活するとかいわれていますけど。

片山　デュトワは、聞く話によるとアジアでは仕事しているんだそうですね。

山崎　上海など中国で指揮しはじめているという話は聞きました。

片山　つまり、「#MeToo」とかいわれても問題じゃないような土地では問題ないということかもしれません。常識が違っているところは世界にはある。多文化共生社会だからそれでよいともいえる。性差別とは社会慣行に対応するもので、極端な事例を除けば、世界統一規格で考えることはできない。多様性はデュトワの活躍も保障してくれるのですね。価値の多様性をどうとるか。ここはむずかしい問題ですが。とにかくデュトワも引退に追いこまれているわけではないんですよね。日本やアメリカやヨーロッパでは仕事ができなくても、代わりにいくらでも場所はある。そんなことは許されないと思ったら、捕まるのを覚悟で妨害に行かないといけないでしょう。捕鯨に反対する人みたいになってくるのかもしれない。こうなるとますますむずかしいですね。それにデュトワはこんど、日本でも大フィルを振るそうではないですか。

山崎　告発はされたけれど、それに対してどのような罰を受けるのが適当なのかの判断は、簡単ではないですね。日本でもN響の定期には登場していませんが、大フィルは招いてもかまわないと考えたようです。それにしても社会の多様性の問題、イスラム圏となるとさらに違いますよね。まあ日本にかんしていえば、まだ欧米よりは遅れているにしても、平成の三〇年間に女性の発言力がかなり増したことはまちがいない。

働く女性も増えた。さきほどの三大テノールにしても、その支持層はやはり女性が大きいと思います。昭和まではクラシックをめぐる言説が男目線中心だったのが、女性の力が増したからこそ、テノール歌手の魅力が堂々と語られるようになった。これはいいことだと思います。

マーラー全曲演奏会

田中　バブル期のCD時代には、コンサートでもマーラーやブルックナーの作品が演奏されるようになり、そしてCDが次々と出るようになった。

山崎　何といってもCDは、それまでLPだと二枚組だったものが一枚に入る。マーラーだと交響曲第五番とかが一枚に入るようになったのはすごく大きい。LPだと四面を取っ替え引っ替えやっていたのが、CDはそのまま一気に聴ける。そして値段もぐんと下がった。それまではマーラーやブルックナーは、後期ロマン派の変な作曲家といって片づけていたのが、ぐんぐん一般化していきましたね。

片山　媒体の変化はほんとうに大きいですね。SPレコードの時代は片面三、四分に入る小品が愛好された。四〇分のシンフォニーをSPで聴こうと思ったら、一〇面必要だったわけでしょう。LPだと片面三〇分は入る。でも九〇分、一二〇分の曲になるとね。山崎さんがおっしゃったように二枚組とかだとやはり重いし、オペラ全曲とかだと箱に入っていて、たいへんな買い物になっちゃうわけじゃないですか。これがCDでコンパクトになり、しかも値段も相対的にどんどん安くなっていくわけですから、聴く人の数がどっと増えた。

山崎　聴衆の層も年々若返り、そういう大作を聴くようになっていった。オーケストラのレヴェルが日本でも上がってきて、そういう曲をどんどんやれるようになっていった。

片山　マーラーの交響曲なんて、実演では一九七〇年代でも珍しかったですからね。

山崎　大事件でしたよね。

片山　山田一雄や若杉弘や渡邉暁雄《わたなべあけお》がやるとすごいなどといわれて、一曲やっただけで椿事出来《ちんじしゅったい》みたいになっていた。それを考えると、一〇年とか一五年くらいしか経っていないのに、激変ですよね。

山崎　それが一九九〇年（平成二）一一月、バブル絶頂期には、ベルティーニとケルン放送響やシノーポリとフィルハーモニア管といった向こうのオーケストラがやってきて、それぞれにマーラー・ツィクルス（全曲演奏会）をやった。第一番から、声楽が入っているたいへんな作品――《千人の交響曲》から、シノーポリなんて《嘆きの歌》までやっている。シノーポリは池袋の東京芸術劇場ができてすぐの時期でしたね。まとめてフェスティヴァルみたいなかたちでやる。

片山　柿落《こけら》としというか、オープニング企画の一環みたいにして。

山崎　外来オケが九曲かそれ以上のマーラー・ツィクルスを短期間にやるなんてことは、

現在ではちょっと考えられませんね。

片山　何人連れてきて、どこに泊まっていたんでしょうね。

山崎　あのころもホテルも高そうだし、たいへんだったでしょうね。シノーポリは二週間で一気呵成《かせい》にやりましたが、ベルティーニとケルン放送響は三回に分けて、翌年まで一年間かけてサントリーホールでツィクルスをやった。同じオーケストラが合唱団まで連れて一年間に三度来日するだけでもすごいんですが、二つのツィクルスが並行しておこなわれるという異様なマーラー・ブームでした。

片山　そうでしたね。聴く人もいたということももちろんすごいけれども、チケットを買う人がいたわけですから、お金があったんですね。

山崎　それが日本のバブル景気のすごさだったのかもしれません。

片山　中産層がまさに円熟したというか。

山崎　この二つのツィクルスで興味深いことは、どちらもそのなかにメジャー・レーベルがCD用にライヴ録音して、あとで発売したものが含まれていることです。ベルティーニは一、八、九番と《大地の歌》。シノーポリは《嘆きの歌》。これはクラシックのレコード界における、当時の日本のマーケットの存在感の大きさを象徴する事実のように思います。バブル終点のマーラー。サントリーホールに《大地の歌》の〈春に酔えるもの〉が響く。片山さんのなかでは、いまも春が続いているようですが。

片山　ああ、まだ酔ってますね。そのまま死んじゃいそうです。

山崎　いやいや。それではその日本ライヴから、《大地の歌》の第五楽章〈春に酔えるもの〉をお聴きいただきましょう。テノールはベン・ヘップナーです。

♪マーラー／交響曲《大地の歌》第五楽章〈春にありて酔えるもの〉

ベン・ヘップナー（T）

指揮：ガリー・ベルティーニ

ケルン放送交響楽団

朝比奈隆のブルックナー

田中　そしてブルックナーですよね。

山崎　マーラーが一九九〇年代にガーっときていて、そのあとを追いかけるように、バブル景気が崩壊したのちに、こんどはブルックナーのブームが来た。

片山　ブルックナーは日本だと、やはり朝比奈隆ですね。一九七〇年代くらいから宇野功芳さんの啓蒙もあって。平成じゃなくて昭和の話ですけれども、中学校でクラブに入りましたら、小中高一貫の学校で、クラブ活動は中高一緒でしたから、私は中二で部長が高二で、その部長の先輩が「君、朝比奈のブルックナーについてどう思うんだ」ととつぜん訊いてきた。「いやあ、朝比奈のブルックナーは、私あまり興味はありませんが……」とか答えましたが。そのころは、ブルックナーはもう退屈で。よくわからなかったなあ。コンサートで聴くこともあったのですが、正直に言うと、よく寝ていました。交響曲第四番で、かなり長いこと、眠っていたこともある。東京文化会館の一階の前のほうで爆睡したこともある。朝比奈ではないですよ。別の指揮者でしたが。中学生でブルックナーがわかると言われても怖いけれども、私はわからなかったなあ。先輩が訊ねてきたのは、そう、一九七七年（昭和五二）ですね。学校の聖堂の前だった。ミッション・スクールでしたから。ブルックナーらしいシチュエーションともいえる。

山崎　朝比奈のブルックナーが話題になりはじめたころですね。自分もブルックナー信者にはなれないタイプですが、大学の友達には何人か大好きな人がいて、年をとるにつれてその数は増えていった気がします。

片山　日本の若いリスナーには、宇野功芳を預言者とする「朝比奈ブルックナー教」への信仰が、あのころに刷りこまれはじめて、それが昭和末期から平成初期に花開いたのですね。自分のお金で新幹線に乗って東京から大阪に聴きに行くようになるとか。そういえば自家用車で東名高速を駆け抜けて通っていた人もいた。ああ、東海道線の事実上の夜行列車である大垣行の普通で、前日夜に東京駅から出発していた節約家もいた。私は付き合わなかったけれども、誰かをプラットフォームに送りに行ったことがある。「頑張って聴いてこいよ」と手を振って送り出した。何をしていたんだろう。暇だったんだなあ。なつかしい。一緒に行って聴いておけばよかった。

宇野功芳『クラシックの名曲・名盤』（講談社現代新書）

山崎　強烈ですねえ。あのころは「宇野功芳、ブルックナー、朝比奈隆」という、特殊な括りのなかにいる信者たちという感じでしたね。それでもけっして多数派ではなかったと思うんですが、一九八九年（平成元）から九〇年代はじめにかけて講談社現代新書で『クラシックの名曲・名盤』や『交響曲の名曲・名盤』などを宇野さんが書かれて、新書で手に入りやすいし、学生にとっては読みやすいかたちで、ベストセラーとなってあの宇野節が一気に浸透していった。それまでは宇野さんって『レコード芸術』の執筆陣のなかでもちょっと傍流と見なされていたのですが――本流はもちろん吉田秀和さんとかですが――、そのころから一気に、ある種、昭和から平成に変わっていく時代のあらわれといってもいいけれども、趣味的なものが表に出てくる流れに乗ってメジャーになっていく。

片山　そうでした。何が芸術か、立派かというのと、ちょっと違ってくる。

山崎　あるべき正しき教養というものではなく、ちょっと違ったカウンター・カルチャー的なものがクラシックのなかでも面白がられるようになる。面白がっちゃっていいんだ、みたいな。

片山　昭和の高度成長時代だと、成り上がりものの新中産階級が、お高くとまるための術のひとつとして、クラシック音楽を「学習」していたでしょう。クラシック音楽に権威があって、それを知っていると偉そうに見えて、ステータスも上がる。「カラヤンはすばらしいですね」。「ほう、君もクラシックを聴くのかね。ステレオはどんなのを持ってるの?」「いやあ、それほどのものでもないのですが、うちもようやく、買いまして」。そういう調子の上司と部下の会話ですね。ステレオ音響再生装置を、スピーカーを含めて持つためには、家もそこそこ広くなくてはいけない。そこに中産階級の実が問われていた。豊かになるとは、内と外が並行していてこそで、そのとき内はクラシックで、外はステレオ装置の置ける応接間です。この両者が手を携えてこそなのです。そして子供にはピアノを習わせる。懐かしき高度成長時代の日本中産階級の理想的生活ですね。そういうときには、クラシック音楽も権威のある入門が大切。そのとき導き手となったのは戦前の旧制高校世代の教養主義でしょう。戦後の中堅サラリーマンの少し上の、しかも叩き上げではなくて教養ある世代を模倣する。管理職、重役、社長さんの世代です。戦後の高度経済成長期のサラリーマン映画というと、社長といえば森繁久彌《もりしげひさや》でしょう。森繁は一九一三年(大正二)生まれですよ。その年齢に見合った評論家がクラシック音楽という教養の導き手にならなくてはいけませんが、吉田秀和は森繁と同い年です。森繁と吉田秀和は同い年。これ重要(笑)。ポイントだと思うのですよ。森繁社長のお相手をするサラリーマンを考えますと、それはまあお座敷で都々逸《どどいつ》でもよいのですが、ゴルフ場にご相伴した後の教養ある会話にはクラシックも欲しいですわね。そういうときに、たとえば吉田秀和の『LP三〇〇選』みたいなのがね。あるいは『世界の指揮者』とか『世界のピアニスト』とか。それを元ネタになんか言うと、たぶん会話がつながらなくてもいいのです。「君もなかなか教養があるね」。これで一段落でね。高度成長期の教養はこれでいい。

山崎　そうか、森繁と吉田秀和は同い年でしたか。そういえばコカコーラのテレビCMで、森繁が「かのフルトヴェングラーが……」て、いきなりしゃべりだすやつがありましたね。そういう旧制高校世代に教えを受け、会社まで二時間かかる郊外に一軒家を買って団地を脱出して、百科事典と世界文学全集を本棚に並べて、ステレオの脇には世界名曲全集のLPをという感じの、教養の大衆化ですね。

片山　ところが、次の時代になると違うんですね。私どもの若いころというのは、一九八〇年代くらいですと堤清二率いる西武百貨店のグループの推し進めた「セゾン文化」に代表されるように、いろいろ楽しみましょう、あれもこれも、ヴァラエティを求めるのがいいんだということになってくる。「ベートーヴェンはカラヤンに限りますね」とか「やっぱりケンプですね」では済まない。そういう話をしたがるのは「教養ある社会人」ではもはやなくなってくる。趣味人やマニアの一嗜好になってくる。豊かさを求めて、坂の上の雲を眺めて坂を上るのではなくて、そこそこOK、まあまあ豊かになってしまうと、趣味は、ステータスよりも、ほんとうにただの趣味になるのですね。みんながお互いにそこそこだと思うと、「上を向いてがんばってます」という素振りはもう要らなくなる。だってすでに到達しているんだから。あとは「オレのなんとか」になるのですよ。それが好きだというと人がどう思うかではなくて、人がどう思おうと、オレはこれが好きと見せるほうが格好良くなる。階段を上にあがるために趣味のよいものを共有しようという精神が薄れて、横並びの中の差別化に目標が変わるのですね。そこで「オレのブルックナー」や「オレのマーラー」になるのでしょう。ブルックナーやマーラーが、そもそもベートーヴェンやブラームスやリヒャルト・シュトラウスにくらべて名曲だと思われていなかったのだから。マーラーやブルックナーはクラシック音楽好きが病膏肓《やまいこうこう》に入るの状態ですね。全曲聴こうと思ったら、交響曲なのに一曲でLP二枚組になってしまったりね。オペラじゃないんだから。マーラーだと交響曲第一番や第四番くらいしか廉価盤もなかったのではないですか。廉価盤のないのは名曲ではありません（笑）。みんなが教養の身につく対象として聴こうとしていない曲だということなんだから。一九七〇年代までの常識だとそうでしょう。

山崎　一流と二流、A級とB級みたいに芸術や教養が区分されていて、一流の名曲にまずは敬意を払え、みたいな暗黙の了解がありましたね。堅苦しいというか、息苦しかった。

片山　そこで、だから宇野功芳なんですよ。「オレのブルックナーは朝比奈隆と大阪フィルハーモニー交響楽団である」。これは吉田秀和的常識からすると問題でしょう。大阪のオーケストラのブルックナーが世界で一番だとは、どういう理屈から可能になるのですか。「教養ある人」の判断としてはありえない。これはもう「オレと気が合う」レヴェルでないと可能になりません。「気が合う」ことがクラシック音楽でも大事だというふうに、判断の基準が変わっている。朝比奈が好きだという人が教養を求めていますか。そんなはずはない。これは教養のための装身具ではない。むしろ恋愛でしょうか。好きなものは好きだ。いいものはいい。そういう世界ですね。そうした世代は一九七〇年代に準備され、表立っては八〇年代に出てきた。学生時代にもう親の世代のように頑張って世間と調子を合わせなくても「オレのナントカ」でいいよという人がね——私もそうなのですが——増殖してしまってね。

私個人の場合は「オレの伊福部昭で何が悪いんだ」という。じっさい、一九七〇年代に私は、中学生のときだけれども、どこかの高校教師に説教されましたよ。「伊福部昭がいちばん好きです」と言ったら「君は馬鹿か」と。「ベートーヴェンの全作品を聴いてからにしろ」と。「日本のつまらない作曲家の音楽を貴重な青少年期に聴くな」と。「人生の無駄だ」と。私は怒りましたよ。「余計なお世話だ。だいたい、あなたはそんな偉そうなことを言っているけれども、ベートーヴェンの作品番号なしの曲を全部聴いたというのか、そんなはずはあるまい、大人だと思って人をなめるんじゃないよ、馬鹿、馬鹿、二度とてめえの面なんか見るか」。不良ですね。趣味の不良ですよ。私の場合はそっちの方向に不良性が出て。学校では優等生だったのですが（笑）。でも年齢相応に不良でした。へんな不良でして。

そういえば、吉田秀和さんにも「あなたの好きな作曲家、あの人、誰だっけ」みたいに言われたことありますよ。吉田さんは、伊福部昭の名前はもちろんよく覚えているのだけれども、わざとご自分ではおっしゃらないで、私に言わせる。人が悪いんですね（笑）。つまり、そんなものがいちばん好きというのは、ちょっと困ってしまうな、ということなのですよ。吉田さんの世代から見ると、困る人が増えたということなのですね。その潮目の変わる象徴として、「宇野チルドレン」の「ブルックナーおたく」がいる。私としては残念ながら、「ゴジラ・チルドレン」の「伊福部おたく」の一〇〇〇倍くらい「宇野チルドレン」の「ブルックナーおたく」がいた。そんな彼らが、社会人になってちょっとお金を持って、演奏会にも行けるとなったときに、マーラー・ブームとかブルックナー・ブームというかたちで表れたのではないでしょうか。

あのころ二〇～三〇代だった音楽ファンが、そのまま歳をとっていま六〇～七〇代になって、演奏会で「ブラヴォー！」とか叫んでいるのではないですか。下の世代にはそういう人はあまりいませんからね。だからクラシックはひとつ盛りを過ぎたなとも思います。平成の次の時代の問題にまで飛んでしまいましたが。

山崎　一九七〇年代あたりから一億総中流幻想がいきわたって、みんなそれなりに豊かになって、若い層が使えるお金も増えて、「オレのナントカ」に走ることのできる人、いろんなおたくが出現してくる。一九六〇年代の学生運動の「大きな物語」が終わって、七〇年代のシラケをへて、八〇年代には「趣味の不良」、困った人たちの時代になってくる。私もドナルド・キーンさん以外誰も日本では聴いてないような、戦前のオペラ録音とかに夢中になっちゃって、いまにいたるクチですし。それが変わってきているんでしょうね。昭和の一億総中流幻想は大衆教養主義、つまり大衆が教養を身につけようとし、同時に教養が大衆化される状況とセットになっていて、私たちはそのあとの、教養が大衆化を通り越して不良化された平成の時代を生きてきたけれども、さらにいまは教養がすり切れてしまい、ただの大衆主義、あるいは無関心しか残っていないような……。

話を戻しますが、マーラーとブルックナーの普及には、アマチュア・オーケストラの隆盛も大きい気がします。一億総中流幻想と大衆教養主義の時代には楽器を学べる子供が増え、その子供たちはブルックナーやマーラー的な交響曲の大作を好む世代と重なり、長じてアマオケに入る。

片山　そうそう、ワセオケこと早稲田大学交響楽団とか。慶應のワグネル・ソサエティ・オーケストラでも、マーラーの《復活》などを一九八〇年代にやっていました。私は河地良智指揮で聴きましたよ。

山崎　一九八二年（昭和五七）には、ワセオケが《千人の交響曲》を日本のアマオケでははじめて演奏したのを聴きに行きましたね。大学創立一〇〇周年の記念行事になってました。

片山　そういえばブルックナーもいろいろありました。第六番をはじめて生で聴いたのは、私の場合は、水野修孝指揮の千葉大学のオーケストラ。千葉市の文化会館まで聴きに行きました。

山崎　マーラーやブルックナーの珍しい曲を聴こうと思うと、アマオケを聴く、ということもあったんですよね。

片山　人数のいる大学のオケだとできますからね。あとブラス・バンド経験者がたくさんいるから、鳴り物が好きでね。そうするとマーラー、ブルックナーをやりたがる。

山崎　なにか明治の海軍軍楽隊が入ると金管がうまいみたいなノリですね。ブラバン出身者がいるからマーラーをやれるよという。

片山　弦楽器はもちろんそんなにうまくはないのだけれど、しかし作曲家の箕作秋吉《みつくりしゅうきち》が戦前に書いていますが、アマチュアのピアニストのベートーヴェンやショパンは聴いていられないのに対して、大学のアマチュア・オーケストラの弦楽合奏はそれと同じくらいかもっと下手なのに、不思議と音楽として聴いていられると。音程が近似値で塊《かたまり》となって平均されて聴こえるというようなマジックが働くのだろうか、なんて言っていたと思いますが。木管もそこそこうまい人がだいたいいる。中学高校のウィンド・アンサンブル経験者の厚みでしょうね。さすがにホルンはたいていダメなのだけれど、トランペットやトロンボーンは様になっている。結果、一般大学のアマオケで大昔に聴いたマーラーやブルックナーは、それなりにみんな好印象です。水野修孝のブルックナーはやっぱりすごかった！

山崎　当時の新交響楽団のヤマカズ（山田一雄）でマーラーなんてありましたね。私がマーラーの七番をはじめてナマで聴いたのもこのコンビでした。

片山　私もよく行きました。マーラーは山田一雄が世界最高ですよ。これはまじめな話ですが。山田一雄は新響では《大地の歌》と第一〇盤のアダージョまで含めて、全交響曲連続演奏会を完結させましたが、私は全部は行けなかったけれども、かなり出かけて、それはもうほんとうに素晴らしい記憶ですね。《千人の交響曲》は東京文化会館の通路に座って聴いた覚えがあります。あのころは消防法もゆるくて、コンサートでも芝居でも立ち見でも何でも、いざというときは目いっぱい人を入れていた。ほんとうに入らなくなると、ステージの上にパイプ椅子を並べたりして。私はティンパニのうしろに座って本番のオーケストラの演奏会を聴いたことありますから。あれは築地本願寺でしたが。関係者ではなく、ひとりの客としてですよ。いやいや、ヤマカズと新響のマーラーでした。演奏の傷は多かったと思いますが、ヤマカズの解釈と、それに付いてゆくオーケストラのやる気が素晴らしかった。いつも感激しました。

山崎　ヤマカズは宇野さんのような預言者をもたなかったから教祖にはならなかったけれど、やはり魅力的な指揮者でしたね。教祖というよりはトリックスターみたいな感じだったけど、「朝比奈のブルックナー、ヤマカズのマーラー」とならべて絶賛すべき価値がありました。もう少し長生きして平成にも活躍していれば、「オレのヤマカズ」といいだすファンが増えていたかもしれない。ところで新響は、社会人のアマチュアオケでワセオケ出身者とかが多いオケでした。ああいうので育った若い世代が社会人になって、外来のオーケストラを聴くのが、平成ですね。

片山　それで何万円も払えるようになって、シノーポリとかに行っちゃう。

山崎　あと、若い世代にとっては、ＦＭ放送のクラシック番組のありがたみも大きかった。これから聴いていただく指揮者のチェリビダッケなどは、一九七〇年代、八〇年代にはレコード録音を拒否していたため、ＦＭ放送でしか聴けなかった。ＦＭは学生にとっての味方でしたね。レコードはそんなに買えないけど、ＦＭは聴ける。そこにＦＭでしか聴けない、レコード録音をしない指揮者がいるとなると、これは俺たちの味方だ、俺たちの側の人だ、みたいな感じになる。

片山　それで一生懸命にチェリビダッケをエアチェックしてましたという人たちが、チェリビダッケを神格化してゆく。

山崎　ＮＨＫ－ＦＭが異様にチェリビダッケに力を入れていて、よく放送するんですよね。

片山　金子建志さんとかがしゃべることが多かった。

山崎　そうそう。とくにブルックナーの交響曲とか。

片山　「比較してみましょう」とかいってね。インバルとフランクフルト放送響のブルックナーは版が違うとかいって。だいたい金子さんがしゃべって、それで聴きくらべとかもする。

山崎　ノヴァーク版はこうなるんですけどハース版はこうですね。とかいって。

片山　だいたいソニーのCHFとかで録って、テープが伸びちゃったりして。

山崎　安い九〇分のやつで。

片山　ピッチがなにかおかしいな、みたいな。

山崎　長いものがさらに長くなるという。その一九七〇年代の若者たちが、九〇年代、平成に入ってみんなお金を使えるようになり、大人買いができるようになったときに、チェリビダッケがやってきてブルックナーを振るわけです。チェリビダッケは日本ではそれまでブラームスなどを中心に振っていたのが、しだいにブルックナーもやるようになった。

これからお聴きいただくのは――じつはこれは平成じゃなくて昭和なんですけど――一九八六年（昭和六一）、サントリーホールができたばかりのころで、まさにこのへんから「平成的なもの」が準備されていく。昭和的な常識でブルックナーは売れないと思いこんできた呼び屋さんが、八〇年代半ばから意識を変え、ブルックナーを演奏させるようになる。チェリビダッケもそうで、一九八六年にブルックナーの第五番をはじめてサントリーホールでやって、ここから人気がさらに盛り上がっていく。そのブルックナーの第五番を——全部聴いていると番組が終わっちゃいますので——第四楽章のはじめの部分だけ聴いていただこうと思います。

column❷

平成のレコード店

外資系大型店の進出

山崎　外資系大型店、ビル一棟が全部レコード店というような店舗は、平成のレコード界を象徴するものですね。平成になってすぐの一九九〇年（平成二）にHMVという外資系の大型レコード店が進出してきて、LPを完全にやめてCDを売る。あれは大きかったですね。

片山　一九七〇年代くらいまでは、サブカル的なものも含めてなんでも売っているのが石丸電気で、クラシックは山野楽器、ヤマハ、十字屋、新星堂とかがありました。そこで売っているのは国内盤のカタログに載っているもので、輸入盤は店によって入るレーベルも決まっているし、なんでもかんでも売っているわけではなかった。長年そういう環境で過ごしてきましたから、CD時代になってタワーレコードやHMVがそれとリンクするかたちでやってきて、まさにいまの時代につながるような、大空間で外盤がたくさん置いてあるという環境が現れて価値観が激変します。それまでは、マイナーな輸入盤は特殊な小規模専門店に行って買うしかなかった。だいたい窮屈な雑居ビルやマンションの一室でやっていた。

山崎　しかも、いつ何が入るかわからない。三カ月に一回くらいまとめて入ってくるけど、そのとき、「ご注文の盤は入らなかったですよ」って言われればそれで終わり。また三カ月待つしかないという。小さい店は面白いけど値段が高めで。

片山　中野にあった古楽と現代音楽にやたら強いサンタ・ディスコスとかね。

店主は渡辺三太郎という髭《ひげ》を生やした人で、ヨーロッパから仕入れていました。

山崎　ちょうど円高になって仕入れやすくなったんでしょうね。

片山　当時マイナーな輸入盤を扱っているほかの店舗にも入っていないようなユーゴスラヴィアなどのディスクを仕入れたり、直接買いに行ったりして。そんなに在庫はないんですけど、珍しいものしかないんですよ。有り金をはたいて買いに行ってました。

山崎　あとはバイロイトですか。

片山　あれは一九八〇年代かな。私どもの世代だと高校生のころできた店で、マーキュリーなどアメリカのマイナー・レーベルを扱っていて。山野楽器にもあまり売っていなかったんですよね。

山崎　あのころ、アメリカ盤は盤質が悪いといわれていて。日本のお客さんは異様にうるさくて、ちょっとでも傷があると交換になっちゃうから、リスクが大きくてどこもあまりアメリカ盤は入れなかった。アメリカの産業がいちばんダメになった時期ですね。

片山　レコードの穴の大きさが小さくて入らなかったりするんですよね。マイナー・レーベルならいいけど、アメリカだとコロムビアでもありましたね。

山崎　穴がずれてるやつとかね。だからアームが左右に揺れながら回っている。アメリカ盤というのはそういうもんだというイメージがありました。日本企業がどんどん進出して、アメ車なんか売れなくてトヨタが売れるみたいな状況と同じですね。

片山　旧ソ連の国有レコード会社だったメロディヤもひどかった。やはり米ソ両大国はひどかったですね。

山崎　そういうところでも、ヨーロッパ信仰がものすごく強かった。

片山　やはり西ドイツ盤がいいんだといってね。ドイツ・グラモフォンですよね。たしかにピカピカな感じでね。

山崎　タワーレコードが東京で最初となる渋谷店を、一九八一年（昭和五六）に東急ハンズの斜向かいに出したときに、一年たたずにクラシックをやめた理由がそれだったんです。アメリカから直輸入で安く売るというのがタワーレコードの売りで、ロックやジャズはそれで大いにけっこうなんですが、クラシックはファンが嫌うからそうはいかない。でもヨーロッパ盤は代理店経由でないと買えない。それでクラシックだけはやめてしまった。それが平成になった一九九〇年（平成二）、HMVが渋谷に、ヴァージンメガストアが新宿に出店したときには代理店と話をつけて、クラシックの輸入盤を販売した。まもなくタワーレコードも池袋店や新宿店でクラシックを扱って、渋谷店も一九九五年には現在のビルに移って、広大な売場でクラシックの取り扱いを再開しました。LP時代よりもはるかに多種多様な新譜と旧譜を、いつでも買えるようになりましたね。

片山　一九七〇～八〇年代と九〇年代とで、大きな変化がありましたね。

山崎　セゾン系のレコード店、ＷＡＶＥ六本木店は一九八二年（昭和五七）開店ですが、そこでセゾン文化が用意していったものが、平成の外資系大型店で本格的に花開いたという感じがします。

片山　店員の異動などもそうでしたよね。セゾン文化はけっきょくもたなかったけど、たくさんのムーヴメントを準備したし、ある意味いちばん豊かでしたよね。

山崎　いい時代だったことはたしかですね。

片山　セゾン系列ではスタジオ２００もありました。いまなら日本音楽学会の関東支部でしかやれないようなマニアックなトークとか、中国アニメ特集とかをやってましたが、いつもガラガラでした。池袋ではいつもリブロや西武美術館［一九八九年、セゾン美術館に改称］に行ってアール・ヴィヴァンに行くというのがパターンでした。

山崎　池袋に行けばなんでもあるという。

片山　あのころはやたら池袋に行ってましたね。映画を観るなら文芸坐もスタジオ２００もあったし、レコードを買うならＷＡＶＥ、本はリブロ。専門書も神保町以上にありましたからね。

山崎　一九八〇年代までのデパートは大店立地法（大規模小売店舗立地法）などに縛られていたのか、一八時に閉まってました。週一回の定休日もあった。デパート内のレコード店もそれに従っていた。ところが一九八二年（昭和五七）にＷＡＶＥ六本木店ができると、夜の九時まであいていて、年中無休になった。その後の外資系のレコード店はもっと遅くまでやるようになりました。ＨＭＶの渋谷店なんて、二四時間営業を試験的にやったことまであった。コンビニやファミレスなみ。こうしたことも平成的な現象ですね。

片山　池袋の全盛期はまだレコードの時代でしたが、ＣＤの時代になるとタワー、ＨＭＶのある渋谷が中心地になりました。御茶ノ水のディスクユニオンには中学生のころから行きました。あのころはまだハンターがありましたね。数寄屋橋と大井町と渋谷と都立大ですか。中古レコードといえば、まずハンターという刷りこみがありました。それからディスクユニオンもあるという感じでしたか。

山崎　ハンターもなくなってしまいましたね。昔はテレビＣＭまでやっていたのに。東横線沿線に住んでいた自分にとって池袋は心理的に遠くて、たまに行っても定休日で閉まってたりして、ＬＰ時代には縁が薄かったんです。ハンター都立大店は自転車を漕《こ》いで行きました。辺鄙《へんぴ》な場所にあるのに妙にマニアックな中古盤が入荷したりする店でしたね。地下鉄で動くのが楽だったから、お茶の水&秋葉原と銀座周辺のいくつかの店舗をまわるのがメインで、CD時代になると六本木、渋谷、一九九二年（平成四）にHMVの旗艦店が池袋にできるとようやく池袋、そのあとはまた渋谷と、新宿。それらの外資系の大型店も二一世紀になると数が減ってきて、いまや絶滅危惧種になりましたが、ディスクユニオンはまだ変わらずに残っていますね。平成になってとくに繁盛しているのは二〇〇四年（平成一六）に、新宿三丁目にオープンしたクラシック館。

片山　ディスクユニオンも現在あそこまで展開しているけれども、私は子供のころから行っていたのに、いま、子供がいないですよ。お店で、あまり見ない。その点は、まあ若い人はネットで充足しているから、最初からLPもCDも集める習慣がないので、いなくてとうぜんではありますけれども、少しはいてくれないと、近い将来が心配です。それにしても、平成になって多品種になり、ディスクユニオンのあの売り場の混沌状況は、CD時代を象徴するものという感じがしますね。そこがたまらなくいいのですが。

山崎　LPのころはそこまで面白くなかったですよね。

片山　LP時代は、基本的にはメジャー盤が多かったでしょうね。日本のファンがそんなに輸入盤を買い集めていないのだから、売りに来る人も珍しい輸入盤なんて例外的ですよね。珍しいものはたまに、しかしまとめて出るという感じ。コレクターが手放すと、ピラニアのように漁《あさ》る。コンスタントには出ないから、たまにまとめて出るとき、どれだけ弾《たま》があるか。株取引というか、博打みたいですがね。勝負時にまとめ買いできるかがポイントで。

山崎　いまはディスクユニオンのような中古盤店のほうが、クラシックの売場はにぎやかな感じですね。大型レコード店でも、渋谷のタワーレコードはまだありますね。ビル一棟がレコード店という、いまや世界的にも貴重な、天然記念物的存在。

片山　あそこは素晴らしい空間ですが、クラシック売場のお客さんは少ない気がしますねえ。通販でどれくらい利益を出しているのかわかりませんけれど。私も最近はHMVの海外盤三五パーセント、四〇パーセント・オフのときばかり買ってるし。でもそんなに割引したら利益が出ないでしょう。

山崎　そこまで割引しても、買う人間がもともと少ないのかもしれません。同じ客ばかりだったり。一種のお得意様割引のようなものなのかも。といいつつ、自分もそういうときにばかり注文してるんですが。

片山　こういうユートピア状態もいよいよ終わっていくのでしょうか。終わらないでくれえ！

田中　こうやって日本のホールでおこなわれた演奏会がＣＤになっていくというのも、この時代からですね。

山崎　こういうのは放送から何年もたってから、ＣＤ化されてるんです。「オレがラジオで聴いたブルックナー」や「オレが客席で聴いたマーラー」が、「オレの大切なＣＤ」になる。ＣＤの役割にそうした要素が大きく加わるのも、平成になってからですね。

♪ブルックナー／交響曲第五番　変ロ長調　第四楽章より

指揮：セルジュ・チェリビダッケ

ミュンヘン・フィルハーモニー管弦楽団

死せるカラヤン、『アダージョ・カラヤン』を流行らす

田中　CDが出たのは一九八二年（昭和五七）くらいからですか。おふたりも一九八〇年代半ばくらいからCDプレーヤーをお持ちだと思いますけれども、『アダージョ・カラヤン』はすごいヒットになりましたね。

片山　これはもう馬鹿売れしましたよね。

山崎　カラヤンのそれまでのあらゆるレコードよりも売れたという、ある意味でカラヤン現象を象徴すると言われたものでしたね。

田中　カラヤンは一九八九年（平成元）に亡くなりましたが、この『アダージョ・カラヤン』は一九九五年（平成七）に出たわけですね。

山崎　まさに「死せる孔明《こうめい》生ける仲達《ちゅうたつ》を走らす」という感じで、死者のCDが生者のCDよりも馬鹿売れする。

片山　アダージョ楽章ばかり寄せ集めるのは邪道だといって怒っている人もいましたけれども。

山崎　じつはこれには原型があって、カラヤンが一九六七年（昭和四二）にベルリン・フ

ィルと録音した『オペラ間奏曲集』というレコード。カラヤンがつくった最高のアルバムのひとつだと私は思っていますが、あれが間奏曲といいながら、アダージョの曲ばかり集めているんですよ。

片山　そうか、なるほど！

山崎　カラヤン自身がこのアイディアをもっていた。ただ、『オペラ間奏曲集』には人気のない、マイナーな曲も多い。『アダージョ・カラヤン』は、そのアイディアをマーラーとかパッヘルベル、マスネ、ブラームスなど、さまざまな名曲を寄せ集めて、より親しみやすいかたちで再現した。まさに「死せるカラヤン」が、生前に準備した自分の影像みたいなものを最高のかたちで花開かせたのが、この『アダージョ・カラヤン』ですね。

片山　カラヤンがそう銘打っていなくても実践していたというのは、まさにおっしゃるとおりですね。さすがカラヤン。ブルジョワジーの一家がゆとりあるクラシックを応接間で楽しむイメージがよくわかっていたんだ。「アレグロ・カラヤン」ではやはりよくないですから。熱くなるのはちょっと違う。

山崎　このあとたしかアバドで、同じようにマーラーのさまざまな楽章をよせ集めたCDが出ることになったときに、アバドは「そんなものは自分は許せない」と。

片山　アバドはすごく怒ったんですね。

山崎　発売差し止めになったんですよ。契約上はレコード会社はコンピレーションをつくる権利をもっているから、やろうと思えばできたんだけど、さすがに正面切って抗議されちゃうと発売できないので、やめちゃったんですよね。

田中　『アダージョ・カラヤン』は『2』も出たんですよね。

山崎　そのほかにも何枚も出ましたね。最後はたしか『アダージョ・カラヤン・ベスト』とか『アダージョ・カラヤン・ゴールド』とか。

片山　音質がいいとか、これぞ極めつきみたいな。凄絶な現象でした。

山崎　クラシック・ファンじゃない人でしょうけど、もうちょっとライトな層が次々と買いつづけたのではないでしょうか。その前にもヒーリング・ブームがありましたね。グレツキの《悲歌のシンフォニー》から始まってグレゴリアン・チャントが売れて。グレツキ以外はスペインのチャートで最初に火がついて、世界に波及するという図式だった。なぜスペインから始まるのかは、よくわかりませんでしたが。スペインにそういう目利きがいたのか。

片山　ある意味、いまから考えれば資本主義の黄昏《たそがれ》だったのかもしれませんけど、「癒し」というか極楽往生みたいな状態ですよね。しかもカラヤンのああいう絨毯《じゅうたん》を伸《の》してゆくような濃厚なレガートのサウンドにみんながノスタルジーをもった。やはりあの時代は世紀末的だったのでしょうね。黄昏てきているのだけど、気持ちいいみたいな。

山崎　それでＣＤなら八〇分間、ラジカセでもカー・オーディオでもかけっぱなしにできる。

片山　それが良かったんでしょうかね。私は車を運転しないから実感がないんだけど。誰とは言いませんが、そういうのに適合するような評論家もたくさんいたような気がしますね。

山崎　はい。誰とは言いませんが（笑）。

田中　じゃあなにか聴きますか？

山崎　せっかくですから有名なところでパッヘルベルの《カノン》。これをヘルベルト・フォン・カラヤン指揮のベルリン・フィルの演奏で聴いてみましょう。

♪パッヘルベル／《カノン》

指揮：ヘルベルト・フォン・カラヤン

ベルリン・フィルハーモニー管弦楽団

オウム真理教オーケストラ「キーレーン」

田中　『アダージョ・カラヤン』が出た一九九五年（平成七）という年は、一月一七日にいきなり阪神・淡路大震災があって、もうこの年のトップニュースはこれで決まりだなと思っていたら、なんとその後地下鉄サリン事件が起こって、なにか爆弾を二発投げられたような年でした。日本中がある意味すごい興奮状態にあった。

片山　地震はあくまで自然災害だから、いつかは落ち着くと思っていましたけれど、オウム事件というのはどこまで続くかよくわかりませんでしたね。とくに国松長官狙撃事件などもあり、もしかしたら要人がどんどん暗殺されていって、日本が無政府状態になるんじゃないかと思いましたものね。

山崎　宗教団体というのは、戦後はずーっとなにかアンタッチャブルで手がだせない状態でしたが、とうとうこうなってくるのかと。

片山　しかもサリンを撒《ま》いたりする。いまテロというとイスラム過激派とかをイメージしますけれども、オウムは世界に先駆けて、化学兵器を使った無差別テロを世界的大都市の真ん中で起こした。その意味では、日本は二〇〇一年（平成一三）の「9・11」

を先取りしていました。日本はすごい国ですよ。

山崎　民間テロですね。民間の組織からテロが出てくる。それまでは反政府主義とかクーデターの噂とかでしたが、そういうのは目的ではない。

片山　そうなんですよね。無差別というか、いちおうあの場所でサリンを発生させると、永田町、霞が関が全滅するというつもりであれをやったわけでしょうけれども、じっさいはほとんど地下鉄の駅や車両の中だけで済んでしまった——という語弊があるかもしれませんが。彼らのほんとうの標的はたぶん国会議事堂や首相官邸や官庁だったんでしょうけど。とにかく発想がちょっと漫画的というか、しかし、巻きこまれた人はたまったものではない。実害があったのはオウムの革命の標的であったと考えられる政府要人ではない。普通の人々です。政府要人ならいいという話ではありませんよ。もうめちゃくちゃということを申したい。

山崎　私はあのころ、茅場町に勤め先があったので、東横線と日比谷線を使って中目黒経由で通ってました。普段からラッシュを避けて九時半までの出社でいいということになってましたが、あの日の出社は一一時ぐらいでかまわなかったので、のんびり起きてテレビも見ず、途中に「車両から白煙が出てダイヤが乱れてます」くらいの掲示がありましたが、すんなりと茅場町駅につきました。駅のなかも人は少ないけど特に変わったことはなく、会社に着いてから、数時間前にたいへんなことが起きたらしいと知りました。事件現場のひとつである神谷町駅なども途中で通っているわけですが、地下鉄はいつものように、何事もなく運行されていましたね。警察関係者を見かけることもなかった。まさに粛々と、現場の交通機関は動いていた。

それにしても、オウムの行動はアニメ的というか。『宇宙戦艦ヤマト』に出てくる放射能除去装置、「コスモクリーナーD」をもじった機械が使われていたり。オウムのスポークスマンだった上祐史浩《じょうゆうふみひろ》とは早稲田の同級生なんです。私の友達が彼と同じ早稲田大学高等学院出身で、クラスは違ったけど知っていると言っていました。ほんとうに近いところにいたわけです。友達の友達くらいのところでつながっていた。

片山　世代として、やはり『ノストラダムスの大予言』とか滅亡ブームがあって、『宇宙戦艦ヤマト』があって、ウルトラ・シリーズでもなんでもいいんだけれども、世の中がたいへんなことになったときにヒーローが出てきて救われるというような、ある意味、宗教的なパターンがサブカルチャーで刷りこまれている。それはまさに私どもの世代的経験で、それが束になって煎じ詰められると、ああなってしまうのかという、私どもの世代の潜在的怖さですね。普通だと潜在しているだけで危ないことなく一生終わって、表向きは平穏にあの世に行くのだろうけれども、彼らは違った。みずから危機を作り出して、みずから救済しようとした。自作自演もここまできたかというね。

山崎　現実化してしまうんだという驚きですよね。

片山　ある特殊なことがらというよりは、近代社会のなかで大衆文化やサブカルチャーが肥大していき、行き着いた先のひじょうに尖鋭なモデルが、先端的に示されていた。

山崎　サブカル的宗教集団に属することで、疎外感から救われたような幻想をもてる。いまはクールジャパンなんていってアニメ文化を押し出しているけれど、その嫌な部分がオウムをめぐって示された。

片山　逆にいえば、クールジャパンという虚構に比重のかかったアニメ文化があるのだと、それはああいう負の側面がこみになっていてこその何かなわけです。沼正三の『家畜人ヤプー』のような、SM的な、破壊的な、自虐的な、加虐的な、被虐的な、倒錯的な、そして神風的な何かですね。それを上っ面だけやろうとしてもぜんぜん面白くない。だから、国がクールジャパンって言うようになってから、まったくうまくいってるようには思えないですね。

山崎　大失敗してますよね。

片山　かといってテロリズムまでこみにしたら、これはもう発信できないですからねえ。

田中　オウムはキーレーンというオーケストラまで持っていました。

片山　上祐史浩がロシアで音楽家たちをリクルートしてきた。山崎さんはキーレーンの演奏会にはいらっしゃいませんでしたか。

山崎　聴いたことなかったです。

麻原彰晃とキーレーン ©getty

片山　私は行ったんですよね。
田中　私も行きました。
山崎　それだけ広まっていたんですね。
片山　カッサパの指揮で聴きました。カッサパというのは東京音楽大学の指揮科にいた人が出家してカッサパというホーリーネームをもらい、オウムの音楽部門のトップになった。「ショーコー、ショーコー、ショコショコショコショーコー」など、オウムには数多くの「教団歌」がありましたが、あれらの作曲はかなりの部分、カッサパによるものだとされています。オウムはオーケストラの前には、シンセサイザーなどのアンサンブルによるアストラル・ミュージックと称するものをコンサートでやっていたと思います。東京の中野でコンサートをしていた覚えがあるのですけれど、そこから拡大してオーケストラに行った。クラシック音楽こそ格が高いと思っていたにちがいない。そういう点では教養主義的だったのでしょう。
田中　キーレーンは何カ所もやりましたよね。
片山　はい、東京でも何カ所かでやりました。私は新宿文化センターで聴きました。

山崎　ソ連が崩壊して、混乱して、それまでは共産主義体制下で生活が安定していた音楽家たちが食いつめるようになって。

片山　まさにソ連崩壊と関係があるんですね。

山崎　それをまたバブルの余波でお金があった日本人がスカウトしてくるという。

片山　キーレーンもそうですが、アニメとか、あとアメリカのレーベルでも、向こうのオーケストラを使って安いギャラでたくさん録音するということをやった。みんな買い叩かれたんですよね。

山崎　アメリカのレコード会社、ウェストミンスター・レーベルが第二次世界大戦直後のオーストリアに行き、強いドルの力でウィーンの楽団を使って録音したようなものですね。

片山　そうですね。アメリカの現代アメリカ作曲家専門レーベルのＣＲＩが日本フィルやインペリアル・フィルを使っていたこともありましたっけ。渡邉曉雄のセッションズとか。なんでこんなレコードがあるんだと驚いて、ＣＲＩに目覚めました。それはともかく、ベルリンの壁とソ連崩壊直後からしばらくでしょうか、日本のアニメのサントラなども、チェコやポーランドのオーケストラを使っていましたからね。で、オウム真理教もキーレーンを作り、麻原彰晃作曲と称する音楽をたくさん演奏した。ここでやはり佐村河内守《さむらごうちまもる》のことを連想してしまいますね。キーレーンも麻原彰晃作曲の交響曲と称するものを演奏していましたからね。交響曲《大キリスト》とか、あるいは大幻想曲《闇から光へ》とか。

山崎　麻原彰晃作曲としてJASRACに登録されているんでしょうかね。

片山　登録されているのかな。あれらは麻原彰晃が自分で口ずさんで、カッサバ正大師らが譜面にするかたちで作曲されたと、麻原本人が新宿文化センターのコンサートでは説明していました。「この大幻想曲《闇から光へ》は、自由な形式で作曲しました」と（爆笑）。自由に口ずさんだらしいから、やはり自由な形式なんじゃないかな。幻想曲ですから。

山崎　まあ、でまかせと同じようなものですね。

片山　ソナタ形式のシンフォニーだと、主題を口ずさんだだけなのかもしれませんが、表向きはあくまでも教祖の作曲ということで。天理教の教祖の中山みきも、お祈りの歌を作曲しましたし、教祖ではないけれども、キリスト教のプロテスタントの祖であるルターも音楽家でした。あと、神秘主義者のグルジェフが、ロシアの作曲家のハルトマンと組んで、多くのピアノ曲を作っています。創価学会の池田大作にも自作の歌があるでしょう。麻原もそうした系譜を意識したのでしょうが、交響曲を作った人はあまりいないのではないですか。実質的には代作者がいたのだけれども、そうだとしても、いや、むしろそうだから、これはかなりすごい話ですよ。交響曲を作らねばいけないと彼は思ったのでしょうから。大金を投じたわけではないですか。いくら当時は安上がりのロシアでも、オーケストラを作って来日させるとなれば、それなりの手間ですよ。麻原のこの執念は考察に値する。音楽史や文化史の問題として。世代的問題もあるのかもしれません。交響曲はありがたいものだと、みんながそれを聴けばきっとありがたがると、麻原は思ったにちがいない。高度成長期の大衆教養主義の中で育てられたクラシック音楽のイメージをそのまま表現しています。とにかく麻原は、目が不自由だからということで弟子に手を引かれながら出てきて、座布団に座って、曲の説明をしたあとに、とつぜん「文藝春秋は許せない」とか言いだす。当時、『週刊文春』がアンチ・オウムのキャンペーンをしていたからでしょう。

山崎　ああなるほど。

片山　「みなさん、文藝春秋を許せますか?」と言うと、会場から「許せないぞー!」とか応える。

山崎　（爆笑）

片山　いま思いだしてもすごかったですよ、あれは。

山崎　新宿文化センターは満員だったんですか。

片山　満員でしたね。二階の後ろまで満杯。

田中　杉並公会堂もいっぱいでしたよ。
山崎　動員力もあったんですね。
片山　すごかったです。音楽関係者もけっこう聴きに来ていました。
山崎　そうだ、私、当時はあまり東京にいなかったんです。
片山　そうでしたね、お仕事でね。
山崎　送電線工事の会社で、ほとんど東京にいないで関東一円でやってましたんでね。当時使っていた作業服がオウムの服に似てましてね。スタンドカラーの青い色で。作業服を着たまま電車に乗って駅員に話しかけると、明らかに警戒されたりして。作業服を変えるかとか言ってました。
片山　ここでは麻原彰晃の曲が聴ければいいんですけど、なかなかそういうわけにもいかないので、ペルトを選びました。でも麻原彰晃の曲はあんまりヒーリング系じゃなかった気がする。
田中　ジョン・ウィリアムズみたいな感じだった気がします。
片山　私がキーレーンを聴いたときは、一曲目はチャイコフスキーの幻想序曲《ロミオとジュリエット》でした。ロシアのオケですからね。それで二曲目からは麻原彰晃。まあまあ上手でしたね。麻原彰晃の曲は長いんですよ。大交響曲とかほんとに四〇～五〇分くらいかかる。許《きよ》光俊さんが会場にいて、前半だけで「僕はつまんないから帰りますよ」とか言って帰ってしまいました。指揮者の宇宿允人《うすきまさと》もいた。私は最後まで聴きましたけどね。当時、某ＣＤショップの有名マネージャーがいつも飲み会を開いていて、終わってからその溜まり場に行くと、前半を聴いてた人もいて、「こんなもの、とてもじゃないけど聴いていられなくて帰りました」と言っていて、私みたいなのが最後まで聴いて、「いやけっこう面白かったんじゃないか」とか言うと、こいつ馬鹿じゃないかと。

　そういう時代をちょっと象徴する音楽として、さきほどの『アダージョ・カラヤン』とも関係ないとはいえないけれども、ある一定のフラットな感じで瞑想的、そして癒しも感じさせて、グレゴリオ聖歌ブームともつながっているペルトを聴いてみたいと思いました。冷戦構造が崩壊したのち、「歴史の終わり」といわれていた時代。あのころよく「中世が復活する」などといわれていましたが、つまり米ソの対立がなくなってアメリカ流の資本主義で一元化して、アメリカ支配の時代が永遠に続くというような。なんかそういう永遠を感じさせる音楽が流行っていたような気がします。

山崎　パックス・アメリカーナ的な音楽。

片山　アルヴォ・ペルトもけっこうブームになりましたよね。ＥＣＭというレーベルが出して。そのなかからペルトの《フラトレス》を、ギドン・クレーメルのヴァイオリン、キース・ジャレットのピアノで聴いていただこうと思います。

♪ペルト／《フラトレス》
ギドン・クレーメル（Vn）、キース・ジャレット（P）

片山　この録音は一九九〇年代とか九〇年（平成二）前後なのかというと、じつは八三年（昭和五八）に出たんですよね。最初ECMからLPで出て、その後CDになった。私はLPが出たとき真っ先に石丸電気で買った覚えがあるんですけど、世間に浸透していったのは、やはり一九九〇年前後くらいからだと思います。

田中　テレビ・ドラマなんかにも使われていました。

片山　そうですよね。でも、ペルトはこのころはソ連の反体制作曲家みたいな位置づけだったと思います。昔の現代音楽の入門書には、ロシアふうの発音で「ピャールト」

って書いてありました。柴田南雄の本にもピャールトとして出ていましたからね。

山崎　クレーメルが一九八〇年（昭和五五）に亡命してきて、西側にペルトの音楽をさかんに紹介する役割をはたしていましたね。

片山　それがちょうど、冷戦構造崩壊から癒し系への流れの先駆けみたいになったわけですね。

阪神・淡路大震災五日後、朝比奈隆、都響に降臨

田中　オウムの話で先ほどから盛り上がっておりますが、同年一月に起きた阪神・淡路大震災。音楽ではこれにちなんだ動きはありましたか。

山崎　追悼系の音楽ですかね。

片山　新作ではあまり大した曲はなかったのではないですか。東日本大震災もそうですけれど、あまりにも事象として強烈すぎて、音楽でそれにちなむ曲を書いて追悼するというのは、なかなか厳しいところがありますよね。

山崎　自然発生的な歌などならともかく、災害が起こったから大きな追悼曲を作ろうといっても、直後にはなかなかね。

田中　ロック系のソウル・フラワー・ユニオンの人たちが、長田の焼け跡で野外活動したりはしていました。

片山　むしろそちらのほうが社会的には大きなことだったと思いますけど、クラシックとか現代音楽に限って、新作というと、やはれり対応しきれていなかったのではないかと。

山崎　こういう事象を大作として残すというのはむずかしいですよね。
片山　追悼のレクイエムみたいな曲は、関西の作曲家たちが作りましたけれども。
山崎　クラシック音楽のかつての枠組みと現代の事象が、どう組み合わされるべきなのか。一般の人に聴きやすいというかたちになると、どうしてもロマン派的な作風にならざるをえないけれども、それはどうなのかということですよね。現代音楽ふうにやってしまうと、芸術作品としてはいいかもしれないけど、多くの人には聴いてもらえない。

これからお聴きいただくのは、ドキュメントというか、一月一七日に阪神・淡路大震災が起こって、その五日後に東京芸術劇場で朝比奈隆——先ほどのブルックナー・ブームのひとりで、一九九〇年代に朝比奈さんというとまさに神様のような存在で、もう演奏会はのきなみ満杯でしたけれども——、その朝比奈隆が震災の五日後に、交通の混乱のなか、神戸から大阪経由で東京にたどり着いて、東京都交響楽団を振ってシューベルトの《未完成》と《グレート》を演奏しました。追悼用ではなく、はじめから組んであったプログラムらしいんですが、そのときのライヴ録音で《未完成》の第一楽章を聴いていただこうと思います。一九九五年（平成七）一月二二日、朝比奈隆指揮、東京都交響楽団の演奏です。

♪シューベルト／交響曲第七番 ロ短調《未完成》第一楽章より

指揮：朝比奈隆

東京都交響楽団

米同時多発テロ後の世界

田中　日本では阪神・淡路大震災やオウム事件など、ひじょうに世紀末的な空気が横溢《おういつ》して、二一世紀はどんな時代になるんだろうと思っていたんですが、二一世紀の幕開けは何といってもアメリカの同時多発テロ、9・11ということだったわけですね。ブッシュ大統領がこの年に就任した。

片山　けっきょくその後はテロとの戦いの時代になりました。いまにいたるまで、ずっとそうですよね。二〇〇一年（平成一三）以降というのは、欧米は――まあ日本も含めてですけれども――準戦時体制というか準非常時というか、いつテロが起きるかわからないというロジックで緊張を高めながら――もちろん、じっさいにそうだといえるわけなんですが――、それを政治に利用してきている。ある種リベラルな言い方をすれば、自由な個人が勝手にふるまうことをネガティヴに捉えるという方向性ですね。やはり治安維持のほうが優先されるというか、あと自己責任論というのが出てくるし、危ないところに行ったら面倒見きれないぞ、という。昔だったら、どこへ行っても自国民だったら保護しなくてはいけない、保護されてしかるべきだ、地球の果てまで救いに行くぞ、という暗黙の了解があったと思いますが、こういうテロがあるような時代に、危ないところに勝手に行ったのだから勝手に死んでいればいい、というような議論にもなってきた。こういった準非常時的な論理で世界が多い尽くされた。日本の場合はそこに北朝鮮のミサイルという情況も加わって、そういう風潮が強まって今日にいたっています。二〇〇一年九月一一日以降は、ひとつの時代としてとらえられる気がしますね。

山崎　東西冷戦までは「鉄のカーテン」という明解な境《さかい》があって、ここから先は東、そこからこっちは西といえたけれど、9・11以降は境目がわからなくなった。北朝鮮にかんしては、日本人にとっては冷戦以来の昔からの図式ですけれども。テロにかんしては、ほんとうにわからないところに入っていっちゃったという感じがしますよね。

片山　ベルリンの壁で向き合っているのなら、はっきりどちら側ということがあるからわかりやすい。ところが、二一世紀はそうではなくなった。誰がどこにいるかがわからない。この場所がどちら側なのかもわからない。西ベルリンに行けば安全ということではない。テロリストはいつでもどこでも存在しうるもの。世界がフリーになったということはそういうことでもある。一九九〇年代は「金融ビッグバン」とか言っていたではないですか。市場も人もお金も、フリーにどこにでも行けるのがいいのだと。それでいいこともたくさんあるでしょう。しかし、リスクはとてつもなく拡大しました。そこで危機管理とかすぐ言うのですが、危機は管理不能だから危機なので、危機管理とは誤魔化し語の典型例ですよ。

山崎　可能なのはダメージ・コントロール、被害を拡大させないための管理であって、危機そのものは管理できませんね。

片山　かくして世界は「常在戦場」と化して、そうなると治安維持法を復活させればいいというような安直な話ではないはずなのですが、やはりその時代に戻ってきている。危険な何かをしでかす可能性のある個人をまめまめしく監視しようという方向ですね。そしていざというときは事前に拘束してしまう。そちらの方向に、世の中がどんどん変わってきている。アメリカもですが、フランスも先駆的で、テロ対策の方途が、一般市民のデモに対しても無限定的に拡大されていっているのではないですか。中国、ロシア、トルコ、アメリカ、またしかりです。日本は法律的にはそんなにまだ変わっていないともいえるけれども、意識的にはもうそうそちらの仲間になっているように思います。

山崎　電子機器も発展しているし。

片山　個人がどこにいるかわかって便利だとかいっているけれど、逆にいえば捕捉しようと思えばできる。そのうちに、いや、もうすぐにドローンが飛んできて、個人がピンポイントで攻撃されるようになるでしょう。こういうところでこういうことをしゃべっているとドローンが飛んできて、あれっと思っているうちに爆発して処分されてしまうみたいな。たぶんそういう徹底的に管理される時代。誰がどこにいるか全部わかってしまう時代になりつつあるでしょう。それはやはり治安維持上必要なんだという論理がまかり通る。だってメールのチェックとかやっているわけでしょう、ＣＩＡとかがね。たぶんそれを正当化する流れが、二〇〇一年九月一一日から始まったんですね。

山崎　ジョージ・オーウェルの小説『１９８４』的な管理社会が来ると。

片山　ほんとうにそうですね。たぶん、そのうち国民全員にチップが埋めこまれて、埋めこまれていない人間は人権がなくなるとか。それで、危険な意思をもつとチップが爆発するとか。ただ、それをやると誤爆発で殺されたとかいって訴訟の嵐になってしまうだろうから、そこまでは簡単に行かないにしても、似たようなことにはなるのではないですか。ということで、それにちなむ音楽をなにかと思いましたが、二〇〇一年九月一一日がらみだと、追悼とか記念とか、記憶にとどめるような曲は、クラシック現代音楽畑ではアメリカの作曲家がけっこうたくさん作ったので、意外に曲の数は多いですね。あとポーランドの作曲家のキラールも交響曲を作っていますね。ワールド・トレード・センターに飛行機が近づく様子を描いていて、水平飛行をイメージさせるようなアレグロで、ジャジャジャジャジャジャ・バーンみたいな、馬鹿みたいな音楽ですけど。来た来た来た来たバーンというのは、わかりやすい。馬鹿な曲というのはいいものですよ。もっともらしい曲は罪深い場合もありますが、キラールくらい馬鹿馬鹿しくなると、誰も誤解しようもありませんから。キラールも共産主義時代のポーランドを生き抜いた人だから、下手にリスクをとらないようにしているのかもしれません。

山崎　バロック音楽の描写みたいですね。

片山　ビーバーみたいな。音によるワールド・トレード・センター倒壊の描写。ジョン・アダムズなどはカンタータ的なものを作ったりしていましたね。《魂の転生》という曲でした。音楽史的な目配りも素晴らしい意味深長な名作だと思いますが。二〇〇二年（平成一四）の曲で、アイヴズやスティーヴ・ライヒをふまえています。ここで聴いていただきますのは、アダムズではなくて、事件からだいぶん経ってから、二〇一〇年（平成二二）に作曲された曲ですけれども、アダムズの作品にも影響を与えたライヒの《WTC９／11》です。ニューヨークのワールド・トレードセンターが倒壊するあの日のことと、その後トラウマを抱えながら生きているアメリカ人の姿を三楽章で描いています。クロノス・クアルテットの演奏に、九月一一日のニューヨークの空港の管制官の声の録音などを重ねる。生々しい歴史的現実そのものと弦楽四重奏とがシンクロする。ライヒならではの妙味が発揮されて、歴史的事象をみごとに音楽にしてしまっている名曲だと思います。ライヒのこの手を使うと、録音が残っていれば、なんでも曲にできてしまう。昭和天皇の玉音放送をこの手で作曲したらいいと思うのですが、それはともかくとして、その《ＷＴＣ９／11》から第一楽章〈９／11〉を聴いていただきましょう。

♪ライヒ／《ＷＴＣ９／11》より〈９／11〉
クロノス・クァルテット

田中　ＣＤのジャケットも爆破されたあとの煙ですね。
山崎　倒れたビルが崩壊していくときのね。

column ❸
平成の作曲家

昭和初期の作曲家復活

山崎　昭和初期の作曲家の復活は、まさにこれは片山さんの業績でもありますが、平成的な現象といっていいですよね。
片山　音楽は進歩するもので先端にあるものこそが素晴らしいという価値観が崩壊して、墓場から蘇ってきたという現象。価値観が多様化し、ああいうものをやる人や聴く人が増えました。全体から見ると社会を動かすほどは増えていないんだけど、たしかに聴衆は増えましたし、ＣＤが安くなってたくさん聴けるようになりました。
山崎　新交響楽団とかオーケストラ・ニッポニカなどのアマオケが演奏してくれるようになった。それは芥川也寸志が蒔《ま》いた種ですかね。
片山　そのとおりですね、少なくとも日本人の曲をやるという点では、新交響楽団とニッポニカについていえば、芥川也寸志が、それをやることに意味があると言って強力に引っぱったときに、その体験に喜びを感じた人たちがベテランになって、芥川さんの志を継いでやりつづけているところがありますね。映画やテレビだと、おおぜいが見てきた歴史があるから、誰かが忘れたころに思い出して、おのずとリヴァイヴァルすることもあるかもしれませんが、諸井三郎や菅原明朗となると、聴いて覚えている人の数が少ない、つまり基礎票がないから、誰かが頑張らないといけないということにはなりますね。

山崎　一九八〇年代に現代音楽も前衛からネオ・ロマンティシズムに向かいます。芥川さんが日本人の過去の作品を振りはじめたのも一九七〇年代後半ですね。それが平成になって花開いていく。

片山　LP時代からCD時代になって、

片山　それを知らないで見ると、なんか曇り空のような感じでもあるんですけれど、よく見ると「ギョギョギョギョッ!」みたいな。やはり二一世紀の冒頭に、諸国民に突きつけられた黙示録的な光景ですからね。ただ、あの日の飛行機がビルにぶつかっていく映像は、あのころは連日やっていましたが、その後ひんぱんには見なくなりました。あれはもう、ほんとうに「ヨハネ黙示録」を読むよりも強烈な光景でしたが。

山崎　だからあまり放送しないことにしちゃったんですよね。

片山　封印しているわけですね。

山崎　影響が大きいということで。

片山　毎日やってほしいなあと思いますけどね、あの日を思い出すためにね。たぶん若い人だと見たことがない人もいるのではないですか。

山崎　もう一七年も経っているわけですから、情報の扱いも変わってきてもいいのかもしれないと思いますけどね。

片山　東日本大震災のときの津波の映像もやはり見せたくないということですよね。記憶を伝えていくためには、まったく見せない

columun❸ 平成の作曲家

これは日本に限らず内外のということですが、一生聴けないと思っていたような作曲家の作品が、ちょっとCDを探したり、ネットで無料音源を漁《あさ》れば聴けるようになったわけですから。一九九〇年代以降に出てきたものがどんどん蓄積されて、ゼロ年代~一〇年代は信じられない状況になっています。私はこんな世の中が来るとは思っていなかった。加山雄三の歌の文句くらいに、その意味では幸せだなあ。

のもいかがかと思います。

山崎　生で体験したときの衝撃が薄れてきて、世代が変わっていったりするときには、もういちど確認していくことは必要ですよね。

片山　ほんとうはそうなんですが。とはいえ、見たくない人がいるうえに、模倣したくなる人も一定数いるでしょうから。映像による記憶の伝承は、生々しすぎるがゆえにむずかしいところもありますね。

山崎　テロや災害の瞬間の、高精度で生々しい映像がたくさん残るようになったのは、まさに二一世紀の現象ですね。貴重な記録だけれども、情報過多で忘却が許されないことは、はたして幸福なことかどうか。むずかしいですね。

民族派&超ジャンル

田中　次のコーナーは「民族派&超ジャンル」と題をつけてみたのですが、このへんはいかがでしょう。ソヴィエト連邦が崩壊したことによって、各構成国が独立するなどして、各国の民族派の人たちがストレートに活躍する感じになってきました。

片山　ジャンルも崩壊していきました。たぶんこの三〇年くらいでものすごく顕著だと思います。クラシックとポピュラー音楽の棲《す》み分けがどんどん崩壊して、セミ・クラシックのようなところで予定調和的に落ち着くんじゃなくて、まったくのノン・ジャンルというか、他流試合という感じになってきました。

山崎　ジャム・セッション的というかね。

片山　ごちゃまぜの闇鍋《やみなべ》みたいになっちゃった。CDにおいては、その動きが大きく進んだような気がしますよね。

田中　ちょっと前だったら、坂本龍一さんが東京藝大の作曲科を出てYMOをやってるなんて変わった人だと思われていたかもしれないけれど、いまはもう藝大を出てゲーム音楽とか劇伴とかをやっている人がたくさんいますね。

片山　むしろ藝大の作曲科を出て交響曲を作っているほうが変わっているのではないですか。どうやって食べてるんですか？　みたいな。それくらい、ここ何十年かで変わったと思いますね。

田中　で、ここで取り上げてみたいのはピアソラ・ブームです。アストル・ピアソラというのはモダン・タンゴの巨匠といわれている人ですが、彼は一九九二年（平成四）に亡くなったんですね。その二年くらい前に脳溢《いっけつ》血で倒れて活動していなかったんですが、クレーメル、それからヨーヨー・マですね。この人たちが一九九〇年代半ば、九六年とか九七年にピアソラの曲をレパートリーとして採り上げるようになって、たちまちもうクラシックのほうでブームになりました。とくにヴァイオリニストがアルバムを作るときには、必ず一曲はピアソラの曲を入れて作ったりしていたでしょう。

山崎　ピアソラって一九八〇年代にはミルバと共演したりして、日本ではそのころは、ジャンルで分けていくとジャズの文脈に入っていたような気がします。クラシックではありませんでした。だからブームが起きて、クラシックのファンははじめてピアソラを知った。

片山　そうでしょうね。

山崎　いっぽうでジャズ・ファンの人たちは、いまごろピアソラなの？　みたいなノリだったのが、そのころから分類がずれはじめて、アコースティックなものはとりあえずクラシックに押しこめておけ、みたいな感じになりましたね。クラシックというものが拡がっていっちゃうんですよね。それまではクラシックというのは、交響曲や室内楽というふうに分類できなきゃいけない、と考えられていたのが、クラシックというものの枠組みそのものが拡がっていく。そのきっかけになったのがこのピアソラですよね。

片山　やはり、現代音楽の方向性ではクラシック・ファンを説得できなくなったんですね。少なくとも一九七〇年代くらいまでは、アヴァンギャルドのいちばん新しいものを聴いていればよかったけれども、それでは多くのリスナーがついていけなくなった。ブーレーズやノーノやシュトックハウゼンが好きな人はまだいて、私もいちおう好きなつもりですが、ただクラシック・ファンにとって、このジャンルでいちばん新しい音楽は何ですかと訊かれたときに、現代音楽ではよくわかりませんということになってしまう。

山崎　片仮名の「ゲンダイオンガク」になってしまったんですね。とにかくむずかしくて、メロディがなくて、一般人にはついていけないものというイメージ。

片山　さっきのペルトなんかも、一九八〇年代にＥＣＭが出したのが予告だった。ペルトだと中世的な音楽とかグレゴリアン・チャントと相性がいいと思われたり。あとプログレッシヴ・ロックとかピアソラとかも、いわゆるポピュラーのほうに入っていたはずなんだけれども、ピアソラなどはじっさいクラシックの勉強をしていて、ヒナステラの弟子で、大きな影響を受けていたわけだし、たしかにタンゴの枠内でやってはいても、楽譜を見るとストラヴィンスキーやバルトークなど二〇世紀前半の民族主義の延長線上にあって、クラシックの音楽家でも演奏できるような譜面になっていて、近代音楽ファンが聴いても面白いようにできている。それで、キース・エマーソンがあるじゃないかとか、ピアソラがあるじゃないかと、そっちの発掘に向かっていって、クラシックのなかで純粋培養されている新しい作曲家の商品価値がなくなっていったというか、前衛が商品としては期待されなくなってしまいました。そういう大きな転換が一九九〇年代にあったかなと思いますね。

山崎 音楽教育がシステム化されて、それが広まって普及していき、音楽を専門的に学ぶということが珍しくなくなってきたときに、それを民族音楽とかタンゴとかに応用していくのがあたりまえになっていった。そういう意味で、ピアソラは先駆的な人間でしたね。

片山 ピアソラはタンゴの人だからクラシックじゃないというのも、ひとつの正論ではありましょうが、ストラヴィンスキーやバルトークを聴いていた人が次に何を聴くかというときに、次はヴェーベルンですということになるとむずかしいわけですね。ストラヴィンスキーやバルトークの次はピアソラですといえば、ああそうかってなる。

近藤譲さんは、バッハとビートルズとシュトックハウゼンをくらべると、バッハとシュトックハウゼンでは音として遠すぎて一緒に聴くのは不自然なくらいだけれども、バッハとビートルズは旋律や和声やリズム、どこをとっても近いということになるんだと、たしかそういうことを指摘なさったことがあったと記憶します。バッハとシュトックハウゼンは時代が違えどクラシックで、ビートルズはポピュラーだというのは、音楽そのものを聴く耳の合理性から考えると、まったく非合理であるわけですね。そういう道の付け替えが、おのずとなのか、音楽産業資本の必要にせまられてのことなのか、大胆に起きていったのが、一九九〇年代以降なのでしょうね。

山崎　そこでクレーメルという人が果たした役割はすごく大きいですね。あの人はやはり旧ソ連にいた人ですから、いわゆる現代音楽とか前衛音楽とは違うところで育ってきて、そのなかで反体制派とされてきたピャールト、つまりペルトなどを演奏していて、その後亡命してそういう音楽を西側で紹介していく。その拠点になるのが、一九八一年（昭和五六）にドイツで始めたロッケンハウス音楽祭でした。私の恩師の三谷礼二というオペラ演出家は、ロッケンハウス音楽祭のライヴ盤ＬＰを聴いて、とても面白がってました。そこでは自転車の空気のポンプを使った演奏とか、そういう冗談音楽みたいなものをやっていたんです。それまでは正統派のクラシックとは別のものとして区別されていた冗談音楽を、クレーメル・クラスの一流の音楽家が面白がってやっている。その驚き。そしてそういうこともやるし、クラシックの王道もやれる。幅広い活動のなかにはペルトも入れば、やがてピアソラも入る。そういうものをクレーメルが取りこんで、ＥＣＭやノンサッチといったレーベルにどんどん録音して、前衛音楽にはついていけない、しかしオシャレなものに興味のある、セゾン文化の時代の音楽好きを惹きつけていった。

片山　そうですよね、あそこでちょっと文脈が変わっていったと思います。先駆的には一九七〇年代にも起こっていたことですが、現代音楽の新しい潮流というものが、やはりブーレーズやシュトックハウゼンの延長線上にあるんだと思われていたのが、クレーメルなどは平気でショスタコーヴィチなどの名前を出してくる。ショスタコーヴィチの続きはシュニトケとかを出してきて。それまでは少なくとも本流ではないと思っていた文脈が、じつはけっこう本流なのかなと、あのへんで揺らいできたと思うんですね。その続きがまさに冷戦構造の崩壊で敷居がなくなって、どっちのほうが良いかとなったときに、やはりショスタコーヴィチやプロコフィエフのほうが好きな人は西側にも多いですし。

山崎　一般のコンサート・ゴーアーにとってはそのほうが近いですね。

片山　そういう人たちが、自分の消化できる新しい音楽を探すほうにシフトしていったんですね。うがった見方をすれば、西欧の前衛音楽は、ソ連の社会主義リアリズムに対抗する美学として西欧の大企業や放送局や政府機関から積極的にお金を付けられていて、政策的に養われていた面があって、ソ連が崩壊すれば、もう対抗する必要はないから、市場原理に素直にゆだねるようになったら、前衛のシェアは短期間で縮減したのだと。そういう観点からの音楽史の叙述も登場していますね。そのように考えるとわかることもたしかにあるでしょう。とはいえ、それだけでは説明はつかないだろうとも思いますが。たとえば、冷戦時代たけなわの一九七〇年代の後半でしたか、ペンデレツキが何度目かの来日をしてN響を振ったのですけれども、あのときに朝日新聞のインタビューにペンデレツキが答えて、「これからはショスタコーヴィチだ」と言った。当時の一般的な感覚では、何言ってるんだ、という具合だったのですが。ペンデレツキも新ロマン主義の方向に転換していた時期で、ヴァイオリン協奏曲第一番や歌劇《失楽園》のころでしたね。といっても、世間ではペンデレツキは何といってもあいかわらず《広島の犠牲者に捧げる哀歌》の作曲家だと思われていましたから、その人がN響を振って、ショスタコーヴィチの第五番と第六番をやり、「私はショスタコーヴィチ交響曲全集をレコーディングする」とインタビューに答えているのは、やはり衝撃でした。やはり一九七〇年代の後半くらいからなにかが起きていた。ペンデレツキは東側だから、そちら側の文化宣伝であると、ひねくれて言うこともできますが、ちょっと違うでしょう。もっと音楽に対する素直な欲求があって、それが音楽シーンに反映されはじめたのは、やはりあのころなのか。とはいえ、ペンデレツキ指揮のショスタコーヴィチ交響曲全集の録音は、あのときペンデレツキがしゃべっていたようには、実現しなかったと思うのですが。じつはどこかに録音があるのでしょうか。だったらうれしいですけれども。

山崎　それはまだ実現してなさそうですね。そういえば、ペンデレツキが自作の交響曲第二番とドヴォルザークの交響曲第七番の二曲を組みあわせて指揮したCDを二〇一七年（平成二九）に出していますが、そうした過去との連続性を意識したものなのでしょうね。それにしてもショスタコーヴィチなんて、前衛音楽のファンからしたら、「鉄のカーテン」の向こうで時代遅れの体制迎合的な音楽を作っていた人といって片づけられていたわけですもんね。冷戦構造が崩壊して壁が壊れたことで、ごちゃまぜが本格的に始まった。

片山　その流れがたくさんのレーベルに後押しされて加速していたので、おそらくピアソラ・ブームもそのなかでとらえないと、よくわからないんじゃないかと思いますね。

田中　ピアソラはいまはもうブームというよりも一般化しましたね。では、その発端となったクレーメルほかの演奏で《オブリビオン》。それからヨーヨー・マほかの演奏で《リベルタンゴ》。この曲はコマーシャルにも使われていましたね。

山崎　これもほんとうにコマーシャルの力が大きかったですね。

♪ピアソラ／《オブリビオン》

ギドン・クレーメル（Vn）、ペル・アルネ・クロヴィグン（バンドネオン）、ヴァデム・サハロフ（P）、アロイス・ポッシュ（Cb）

♪ピアソラ／《リベルタンゴ》

ヨーヨー・マ（Vc）、ネストル・マルコーニ（バンドネオン）、アントニオ・アグリ（Vc）、エクトル・コンソーレ（Cb）、レオナルド・マルコーニ（P）

昭和を代表するピアニスト中村紘子逝く

田中　最初のほうでカラヤンとバーンスタインが、昭和から平成の変わり目のころに亡くなったという話をしましたけれども、この平成のあいだにもいろいろな方が亡くなりましたね。ちょっと思いつくままに挙げてみていただけますか。

片山　けっきょくカラヤンとかバーンスタインを皮切りに、アバドとかまで亡くなったわけだし、世代で考えれば誰でもわかることで、一九一〇年代生まれの人は二〇一〇年代の現在、かなり亡くなっているわけですよね。それで一九二〇年代、三〇年代までの生まれの人たちが、この平成の三〇年というスパンのなかで、多く亡くなっていく。そういう時代だから、クラシック音楽に限って考えても、ほんとうにたくさんの音楽家が世を去っていって、とくに第二次世界大戦前から活動している人はどんどん亡くなっています。

山崎　やはり三〇年というのは、なんだかんだいって短い歳月ではないですね。一九二〇年代の終わりくらいの生まれで、現役で活動しているのは、ブロムシュテット、ハイティンクあたりが最後ですか。

片山　そのへんで九〇歳くらいになるわけですからね。

山崎　最高齢ですからね。その上はもうほんとうにいない。すくなくとも有名指揮者ではいなくなりました。

片山　ある意味、私どもにとっての古きよき時代と、もっと前の人にとっての古きよき時代は違うわけだけれども、第二次世界大戦前から活躍を始めていたり、それこそ戦後のカラヤン＝バーンスタイン時代を一緒に支えていた人は、この平成のあいだにだいたいいなくなりました。

山崎　そのカラヤン、バーンスタインが活躍しているころに、若手といわれていたアバドとかマゼール。そのへんももういなくなってしまったのですから。

片山　メータだって厳しいし、バレンボイムはまだちょっと若いですけどね。小澤征爾だってもうたいへんだという時代。ブーレーズも死にましたものね。戦後前衛音楽の作曲家というのも、だいたいもう大物はこの時期に死んでいる。ケージもシュトックハウゼンもノーノもクセナキスもベリオもリゲティもプッスールも、みんな亡くなりました。

田中　第二次世界大戦の経験者がだんだんいなくなるということですね。

片山　そうですね。そして戦後出てきた人もいなくなるという。

田中　ここで何を聴くかはなかなかむずかしいところなのですが。

片山　この三〇年間で亡くなった人を聴こうと思ったら、たぶんもう何日でもできますよね。

山崎　昭和的なものを代表する人で、平成になって亡くなった音楽家として、ここでは中村紘子さんを取り上げたいと思います。二〇一六年（平成二八）七月二六日に亡くなっていますが、昭和の高度成長を象徴する時代に登場したピアニストで、高度成長期からバブルにかけてテレビ・コマーシャルに出演してお茶の間にもすごく知られて、全国的にどこで演奏してもチケットが売り切れという存在になった。クラシックのアーティストとしては、いちばん知られている存在のひとりだったといえるんじゃないでしょうか。

片山　そうですね。中村紘子さんは、小澤征爾などと同じく、桐朋の「子供のための音楽教室」で教育された、戦後の英才教育の申し子で、井口基成・愛子の流儀のピアノの教えを受けたわけだけれども、のちにそれを、指を立てて鍵盤を叩くように弾くことでピアニストの指を傷めやすくもすれば乱暴な演奏にもなりがちな「ハイ・フィンガー奏法」とよんで、それが日本のピアノ教育を戦後も支配した時代錯誤な古い弾き方であると批判しました。そして中村紘子さんが言うには、自分はジュリアード音楽院に留学して、帝政ロシア時代の演奏法を受け継ぐロジーナ・レヴィンに学んで、より柔軟な奏法へとみずからを改造し、日本的限界を脱却したというのですが、客観的にいって、そういうことになるのかどうか。やはり井口流が最後まで沁みていた人ではないかという気も、あのタテ指で大きく華やかに弾きまくる姿を見るにつけ、したわけでして、その意味で日本から離脱しようとしながら、やはり戦後初期の日本のピアノ教育の産物なのかという、矛盾もあれば、そこに魅力もある、なんともねじれた存在であったようにも感じられるのですね。

山崎　たしかにあの音は、個人的には苦手でしたね。ぶったたくタイプのきつい音のピアノは、日本人でもロシア人でもどこの人でも、苦手なんですが。けっきょくはピアニストのタッチって、いちばん最初に受けた教育で決まるともいわれますね。解釈や音楽家としての生きざまのようなものは、一〇代二〇代になってから海外で一流演奏家に学び、変えていくことができるでしょうが、初期教育は決定的なものであるだけに、恐い部分があります。

♪ショパン／前奏曲第一五番 変ニ長調 作品28－15〈雨だれ〉
中村紘子（P）

オイル・マネーとオーケストラ①——ドゥダメルとエル・システマ

田中　平成になってからのクラシックの指揮者というと、ドゥダメルという人がすごく印象的でした。登場のしかたがね。

片山　そうですね。ベネズエラのエル・システマという、まさに社会の治安を保つために、放っておいたら不良になってしまう人たちを音楽教育によって社会につなぎ止めておこうというシステム。昔の言葉でいえばいわゆる発展途上国とか開発途上国であったベネズエラが、クラシック音楽を社会教育に使うということを国策で推進してきた。じつは最初は在野で始まったもので、これが始まったころ、一九七〇年代くらいには日本でも紹介されていました。当時、ヴァイオリニストの小林武史さんがエル・システマで教育活動に携わっていて、『ヴァイオリン一挺、世界独り歩き』〔芸術現代社、一九八〇〕というエッセイ本には、ベネズエラで貧しい子どもたちにヴァイオリンの指導をしたことが書いてあります。でも、世界的に知られるようになったのは、エル・システマで育ったドゥダメルが、シモン・ボリバル・ユース・オーケストラ・オブ・ベネズエラという青少年オーケストラを指揮してすごい演奏をするようになってからで、これがまた、反米というスタンスで、ＥＵ圏で持ち上げられましたよね。ラトルがすごく持ち上げていました。こういうことによって、クラシック音楽が新しい世界のなかで育っていくんだ、と。貧しい人たちの社会教育として、楽器をやらせてオーケストラで更生させたり、不良にならないようにしていくだけでなく、世界的な演奏水準に達するようなオーケストラができてくる。まさにクラシック音楽の未来がそこにあるんだ、というわけです。いままではブルジョワのお金持ちが金にあかせて、高いレッスン料を払って子どもにピアノを習わせたりしていましたが、スラム街の子どもが急にヴァイオリンを持たされて弾いていたら、世界的なスターになっちゃったという。まさに漫画みたいな世界ですよね。ただ、幻影というところも多分にあって。

山崎　作られているところもありますよね。

片山　チャベス大統領政権下で石油価格が上がって、ベネズエラがとても裕福になると、おそらく海外への宣伝ということもあってエル・システマにたくさんお金を入れる。こんなにうまくいっているんだと宣伝すると、まあ言葉は悪いかもしれないけれど、それを信じたい反米の人は、なかばわざと騙《だま》される――いや、本気で騙されているのかな。とにかくすごいんだと宣伝する人がたくさん出てきて、ブームが巻き起こる。で、そのなかから出てきたなかでも、個人として際立った最大の成果がドゥダメルという人だったわけですね。

山崎　それがいまロサンジェルス・フィルの指揮者を務めている。アメリカ国内でヒスパニック、スペイン語をしゃべる人たちがどんどん増えていて、とくに西海岸には多いんですよね。その象徴として彼がロス・フィルの音楽監督になる。ある種反米的なところから出てきた人が、アメリカのなかで立場を得ていくわけです。

田中　トランプさんはドゥダメルをどう思っているのかしら。

片山　でもまあ、すでに本国は崩壊していますしね。

山崎　ドゥダメルはベネズエラ政府といまでは対立関係にあって、二〇一七年（平成二九）にはベネズエラの国立ユース・オーケストラとのアメリカ・ツアーを中止させられました。そしてドゥダメルはベネズエラ国籍を放棄してスペイン国籍を獲得しています。ほんとうに変化が早いですね。ドゥダメルは二〇〇六年（平成一八）に、シモン・ボリバル・ユース・オーケストラを振ってドイツ・グラモフォンからデビューしているんですが、一二年後には状況がまるで変わってしまった。かつては継続的に発売されていたこのコンビの新譜も、二〇一四年発売のマーラーの交響曲第七番が、いまのところでは最後ですね。

片山　エル・システマは、繰り返せば音楽を利用した社会教育システムであって、別に一流の演奏家を作ろうとするシステムではないでしょう。国が貧しく、貧富の差が激しいなかで、それでも社会を保って、貧しい青少年を社会から離反させないための仕掛けですよ。一流の音楽家を生むためには、エル・システマそのままというわけにはいかない。それはもう英才教育で、時間とお金をかけなくてはいけない。一流の音楽教師も必要だ。そうなると、エル・システマというよりも、オイル・マネーによる集団英才教育ととらえたほうがわかりやすい。チャベス大統領時代のシモン・ボリバル・ユース・オーケストラの栄光とは、エル・システマの栄光でないことはないけれども、むしろオイル・マネーの栄光でしょう。それをうまく宣伝した。スラム街から世界的オーケストラが生まれるみたいな話にしてしまった。いい話なんだけれども、お金持ちのエル・システマって、それはエル・システマなんだろうか。そうなったら、たとえば日本の桐朋の「子供のための音楽教室」と変わらないのではあるまいか。でもエル・システマだと言われると、そうなのかなと。そこらへんがとても演出がうまくて。

山崎　クラシックというものはけっきょくエスタブリッシュメントと結びついていて、そこから離れられないのかもしれませんね。チャベスが亡くなってベネズエラが元の木阿弥に戻りかけている現状を乗りこえて、これからのエル・システマがどのような成果を上げられるかが、鍵になりますね。

田中　ドゥダメルは二〇一七年のウィーン・フィルのニューイヤー・コンサートを振りました。これからはヨーロッパの文脈のなかで活動していくということなんでしょうか。

片山　少なくとも祖国とはいまのところ一回は切れてしまっている。どこかでまた関係が復活して、それこそクーベリックみたいに里帰りするとか。ベネズエラで新しい体制が発足して、もしかしたらふたたび親米国家になったりするのかもしれないけど、そのときに「なんとか革命」とかいって、祖国に復帰することもあるかもしれませんが。

山崎　それではここで、シモン・ボリバル・ユース・オーケストラの演奏で、《ウェストサイド・ストーリー》から〈マンボ〉をグスターボ・ドゥダメルの指揮でお聴きください。

♪バーンスタイン／ミュージカル《ウェストサイド・ストーリー》より〈マンボ〉

指揮：グスターボ・ドゥダメル

シモン・ボリバル・ユース・オーケストラ・オブ・ベネズエラ

オイル・マネーとオーケストラ②——クルレンツィスとムジカエテルナ

田中　石油、オイル・マネーという話がいまも出ましたけれども、そういう現象というのはクラシックには関係してきますか。

片山　アラブ世界でも、それこそオイル・マネーを背景にして、カタールとかがヨーロッパからたくさん演奏家を雇ったりして、かなりお金のかかったオーケストラを作ったりしていますね。あと東南アジアの産油国でも、けっこうオイル・マネーを入れてオーケストラを作っていると思います。石油産出国には、西洋文化にかんしていえば先進国とはいえない国がそれなりに多いから、欧米諸国と文化的に張り合おうというときに、余っているお金をクラシック音楽にも入れてくれたりする。とくに原油高が顕著だった時代に、そういう国がクラシックにたいしてよい循環を生みだすことがあります。じつはロシアも、基本的には原油高によって経済が息を吹き返したところがありますね。安くなったり高くなったりを繰り返しながら、プーチンの強権で保っていますが、明らかにオイル・マネーが背景にして成功をおさめたのが、いま日本のクラシック音楽ファンのなかでも人気沸騰中のテオドール・クルレンツィス率いるムジカエテルナという演奏団体です。ロシアの内陸のペルミ市という田舎で活動していて、市がお金を入れているといわれています。あのあたりは石油が出る地域で、オイル・マネーで潤っているエリアで、潤沢な予算を投じて、ギリシャ出身でロシアでも活躍してきたクルレンツィスというかなり強烈なキャラクターの人をうまく使って、彼にとっても市にとってもロシアにとっても利益になるかたちで、文化宣伝に使っている。世界規模でいえば小さな町ですが、そこにそれなりの水準の演奏家を囲いこんで活動させる。私なんかの世代だと、梶原一輝原作のテレビアニメ『タイガーマスク』の虎の穴を思い出しちゃうわけですけれども。

山崎　レスラー養成所ですね。

片山　クルレンツィスが一生懸命しごいて、ちょっと異常な解釈とか特殊な演奏スタイルを身につけさせて、それが欧米で普通に活動している指揮者や演奏団体の基準を超えるような演奏をする。日本のレコード・ファンはもちろん、たぶん欧米のクラシック音楽ファンでも、彼らの生演奏を聴いたことのある人は少ないので、多くの方はCDで聴いていると思うんですけれども、みんなコロリとやられてしまっていますね。私も好きですけれど。

山崎　来日公演も決まりましたね。

田中　二〇一七年のレコード・アカデミー賞［音楽之友社の月刊誌『レコード芸術』が主宰する、

平成	西暦	回	レコード・アカデミー賞受賞ディスク
平16／2004		第42回	ヴァレリー・ゲルギエフ指揮サンクト・ペテルブルク・マリインスキー劇場管弦楽団『ショスタコーヴィチ／交響曲第4番』
平17／2005		第43回	ギドン・クレーメル（Vn）『J.S.バッハ／無伴奏ヴァイオリンのためのソナタとパルティータ全曲』
平18／2006		第44回	ヨゼフ・カイルベルト指揮バイロイト祝祭管弦楽団、ヴォルフガング・ヴィントガッセン（T）アストリッド・ヴァルナイ（S）、ハンス・ホッター（Bs）他『ワーグナー／楽劇4部作《ニーベルングの指環》より」《ジークフリート》《ワルキューレ》《ラインの黄金》』
平19／2007		第45回	ピエール・ブーレーズ指揮ベルリン国立管弦楽団他『マーラー／交響曲第8番《千人の交響曲》』
平20／2008		第46回	ピエール・ブーレーズ指揮、ギドン・クレーメル（Vn）、ユーリー・バシュメト（Vla）他『バルトーク／2台のピアノと打楽器のための協奏曲、ヴァイオリン協奏曲第1番、ヴィオラ協奏曲』
平21／2009		第47回	アレッサンドロ・デ・マルキ指揮チューリヒ歌劇場ラ・シンティッラ管弦楽団、チェチーリア・バルトリ（MS）、フアン・ディエゴ・フローレス（T）他『ベッリーニ／歌劇《夢遊病の女》』
平22／2010		第48回	ニコラウス・アーノンクール指揮ウィーン・フィルハーモニー管弦楽団、アルノルト・シェーンベルク合唱団、ゲニア・キューマイアー（S）、トーマス・ハンプソン（Br）『ブラームス／ドイツ・レクイエム』
平23／2011		第49回	マルク・ミンコフスキ指揮レ・ミュジシャン・デュ・ルーヴル＝グルノーブル『ハイドン／《ロンドン・セット》（交響曲第93～104番）』
平24／2012		第50回	イザベル・ファウスト（Vn）、クラウディオ・アバド指揮モーツァルト管弦楽団『ベルク／ヴァイオリン協奏曲、ベートーヴェン／ヴァイオリン協奏曲』
平25／2013		第51回	ジョヴァンニ・アントニーニ指揮チューリヒ歌劇場ラ・シンティッラ管弦楽団、チェチーリア・バルトリ（MS）他『ベッリーニ／歌劇《ノルマ》』
平26／2014		第52回	フランソワ＝グザヴィエ・ロト指揮レ・シエクル『ストラヴィンスキー／バレエ《春の祭典》《ペトルーシュカ》』
平27／2015		第53回	ニコラウス・アーノンクール指揮ベルリン・フィルハーモニー管弦楽団他『シューベルト・エディション』
平28／2016		第54回	小澤征爾指揮サイトウ・キネン・オーケストラ、マティアス・ゲルネ（Br）、エレナ・ツィトコーワ（S）他『バルトーク／歌劇《青ひげ公の城》』
平29／2017		第55回	テオドール・クルレンツィス&ムジカエテルナ『チャイコフスキー／交響曲第6番《悲愴》』
平30／2018		第56回	テオドール・クルレンツィス&ムジカエテルナ『マーラー／交響曲第6番《悲劇的》』

レコード・アカデミー賞受賞ディスク

平成／西暦	回	レコード・アカデミー賞受賞ディスク
平成元／1989	第27回	クラウディオ・アバド指揮ウィーン・フィルハーモニー管弦楽団『ベルク／歌劇《ヴォツェック》』
平2／1990	第28回	シャルル・デュトワ指揮モントリオール管弦楽団『ドビュッシー／交響詩《海》バレエ《遊戯》交響的断章《聖セバスティアンの殉教》、牧神の午後への前奏曲』
平3／1991	第29回	ジョン・エリオット・ガーディナー指揮イギリス・バロック管弦楽団＆モンテヴェルディ合唱団『モンテヴェルディ／聖母マリアの夕べの祈り』
平4／1992	第30回	レナード・バーンスタイン指揮ベルリン・フィルハーモニー管弦楽団『マーラー／交響曲第9番』
平5／1993	第31回	ルネ・ヤーコプス指揮コンチェルト・ヴォカーレ、クリストフ・プレガルディエン（T)、ベルナルダ・フィンク（S）他『モンテヴェルディ／ウリッセの帰還』
平6／1994	第32回	ジョン・エリオット・ガーディナー指揮オルケストル・レヴォリュショネール・エ・ロマンティーク『ベートーヴェン／交響曲全集』
平7／1995	第33回	チョン・ミュンフン指揮パリ・バスティーユ管弦楽団『ベルリオーズ／幻想交響曲、デュティユー／メタボール』
平8／1996	第34回	ジョン・エリオット・ガーディナー指揮イギリス・バロック管弦楽団、モンテヴェルディ合唱団、シルヴィア・マクネアー（S)、アンネ・ゾフィー・フォン・オッター（MS）『モンテヴェルディ／歌劇《ポッペアの戴冠》』
平9／1997	第35回	エルヴィン・オルトナー指揮アルノルト・シェーンベルク合唱団他『シューベルト／世俗合唱曲全集』
平10／1998	第36回	ギュンター・ヴァント指揮ベルリン・フィルハーモニー管弦楽団『ブルックナー／交響曲第4番《ロマンティック》』
平11／1999	第37回	エリック・ル・サジュ（P)、ポール・メイエ（Cl)、ジルベール・オダン（Fg）『プーランク／室内楽全集』
平12／2000	第38回	ヴァレリー・ゲルギエフ指揮サンクト・ペテルブルク・マリインスキー（キーロフ）劇場管弦楽団、同合唱団他『ムソルグスキー／歌劇《ボリス・ゴドゥノフ》』
平13／2001	第39回	クラウディオ・アバド指揮ベルリン・フィルハーモニー管弦楽団、ベルリン放送合唱団他『ヴェルディ／歌劇《ファルスタッフ》』
平14／2002	第40回	マルク・ミンコフスキ指揮ルーヴル宮音楽隊、同合唱団『グルック／歌劇《トーリードのイフィジェニー》』
平15／2003	第41回	マルク・ミンコフスキ指揮ルーヴル宮音楽隊、マグダレーナ・コジェナー（MS)、アンネ・ゾフィー・フォン・オッター（MS）他『ヘンデル／歌劇《ジュリアス・シーザー》』

クラシックのディスクに与えられる賞」は《悲愴》と《ドン・ジョヴァンニ》でダブル受賞、二〇一八年もマーラーの《悲劇的》で大賞受賞。

片山　たしかに演奏は強烈です。ただ、いま言ったように、ロシアの地方都市で、現代のある意味標準化した演奏に立ち向かうかのように、ひじょうに個性的なものを追求しているということと、ショー・ビジネス的に大げさにわざとらしく極端なことをやっているというところが、うまく区別されていない気がして、ただみんな「すごいなー」みたいになってしまっている。そこまでナイーヴに、「すごい、すごい」と言っているばかりでよいのか。やや不思議な気もするのですけれど。繰り返せば、私も好きですよ。たいへん魅力を感じる。でも、なぜそういうものが、どういう好条件があって、成立しているのか。もう少し考えないと。

山崎　ほんもののカリスマなのかどうか——。辺境、カウンター・カルチャー的なところから出てきたという面白さと、それが本流になったときにどうなるかということですね。それはやはり区別されるべきですよね。

片山　あと、じっさいのところはよくわからないけれども、ペルミ市でほんとうに引きこもってずっと練習しているのかというと、曲によってはメンバーもだいぶ違うという話も聞くし、やはりどこまでがほんとうなのか、慎重に見きわめないといけないと思いますけれども。

山崎　話題の人であることはたしかですね。
片山　しかも、やはり演奏にとてつもない魅力があることもたしかです。
田中　最近カリスマ的な指揮者が少ないから、それを求める聴衆の気分もあるんじゃないですか？
山崎　大都市では、カリスマというものは、政治だけじゃなくなんでもそうでしょうけれども、存在しにくくなっているなかで、辺境のところでこういう人が出てくるというのは、大衆がつねに求めている憧れを刺激するんでしょうね。たしかに、強烈なエネルギーも、サウンドに対する感覚の鋭敏さも素晴らしい。
田中　スーパースターですよね。
片山　基本的にデモクラシーが浸透すると、昔みたいなセル&クリーヴランド管とか、ムラヴィンスキー&レニングラード・フィルとか、あるいはフルトヴェングラー&ベルリン・フィルとか、こういう独裁体制はもう無理なわけです。楽団員が怒って指揮者を追い出すに決まっているわけだから。クルレンツィスの場合、それが起きないのはなぜなのか。これはうがった見方かもしれないけれど、プーチンでも中国の習近平でもトルコのエルドアンでもいいんだけれど、ある種強権的ではあっても、こちらのほうが安定する新しいタイプの権力者像ですね、これがクラシックにおける似姿になっている気がするんですよ。

山崎　辺境の大国における独裁者ですね。古代帝国的なものの新生。

片山　音楽として面白いんだから、別に政治的に解釈しなくてもいいじゃないかと思うかもしれないけれど、やはりロシア、プーチンとセットになって彼らは出てきているはずなので、みんなそんなに喜んで聴いていて大丈夫なのかという怖さが私にはちょっとあります。

それからオイル・マネーというのはだいたい専制権力と結びつくことになっている。石油を採って積み出すのは、あまり人が要らない。設備を作ってしまえば。おおぜいの労働者を雇う必要がない。民主主義というのは、国民を働かせないと豊かになれない国が、そうなりがちなわけで。第一次産業だとまだごまかせるけれども、第二次産業や第三次産業は労働者もどんどん学ばないとついていけない。そうすると義務教育とかで国民に知恵を付けないと成り立たない。国民に知恵が付くと国民は権利を要求するから、民主化がともなわないと国が成り立たなくなる。でも、オイル・マネーは国民の労働をほんの少ししか必要とせず、外国のタンカーが港に来てくれれば長く転がりこみつづけるものなのです。あるいはいちど、パイプ・ラインを作ってしまえばOK。採掘の容易な資源が金目になる国は、国民とギヴ・アンド・テークの関係を築かなくてもまわる。石油と「専制君主」と専制的指揮者&オーケストラ。これは興味あるテーマですよ。

山崎　古代帝国には奴隷制がつきもので、徹底して搾取されているわけだけれども、産油国では石油がわいてきて奴隷の役割を果たしてくれるから、人間は搾取されないですむ。石油は反乱も起こさないから、専制君主は安泰ですね。それでは、ここではチャイコフスキーを聴いてみましょう。

片山　チャイコフスキーのヴァイオリン協奏曲ですね。第三楽章を聴きたいと思いますけれども、ヴァイオリンのソリストがパトリツィア・コパチンスカヤ。この人がまたとんでもない人で、クラシック音楽ファンはみんな頭《こうべ》を垂れてしまう。参りました、みたいな。

田中　この二人は出会うべくして出会ったという感じがしますけど。

片山　コパチンスカヤは個人芸だからいいんだけど、クルレンツィスはなんか怪しさがある。怪しいからこそ、みんなが好きなのでしょうけれども。コパチンスカヤのヴァイオリン独奏と、クルレンツィス指揮ムジカエテルナの管弦楽でチャイコフスキーのヴァイオリン協奏曲から終楽章を聴いていただきましょう。

♪チャイコフスキー／《ヴァイオリン協奏曲ニ長調作品35 第三楽章》

パトリツィア・コパチンスカヤ（Vn）

指揮：テオドール・クルレンツィス

ムジカエテルナ

田中　もうほんとうに、いままで聴いたことのないような演奏でしたね。夜中に家で聴こうと思っても、ダイナミック・レンジが広すぎて聴けない（笑）。

片山　コパチンスカヤも舞台に裸足で出てくるとか、あと、モルドヴァの伝統音楽の楽士の娘だということで、そこから文明と途絶した山奥でヴァイオリンを弾いていた野生の少女みたいなイメージが、暴走的というか妄想的に膨らんで付いているのかもしれないけれど、もちろんそういうことではない。彼女のお父さんはツィンバロンの名手ですが、モルドヴァが旧ソ連の一国だった時代には、クレムリンで国家の指導者や国賓を相手に演奏していたくらいの芸術家です。つまり、日本でいえば伝統芸能の人間国宝みたいな存在で、だからものすごく文明の中で偉い人なんですよね。山奥の村で祭りのときに笛やヴァイオリンを奏でるたぐいの人とは次元が違う。その娘も、舞台に裸足で出てくる辺境出身の野性の娘だというのとは、とうぜん違うのです。民族音楽とクラシックの二刀流で育ったエリートなんですよ。だからすごいんですね。尺八で古典の本曲も武満徹や諸井誠も両方上手に吹けてしまう人がいますが、ああいうイメージでとらえられるべき音楽家なのでしょう。

山崎　この人、知性もものすごく鋭いですよ。シェーンベルクのヴァイオリン協奏曲みたいな複雑でつかみにくい作品を、表面ではなく構造的に把握し、理解したうえで、そこに血肉を与えて肉体的なエネルギーをもつ音楽として外に出せる。理性と本能がそ

column 4
平成のオーケストラ
オーケストラの危機

山崎　アメリカと日本のオーケストラ・システムはたいへんになってきていますが、ヨーロッパはそのへんがもう少し自由ですよね。

片山　ヨーロッパでは、オーケストラが貴族や教会や皇帝や王のものだったのが、革命などをへて市民のものになったわけで、そうした変動が前提となっていて、だから「季節オーケストラ」みたいなものでもあたりまえなんでしょうが、アメリカや日本ではオーケストラをヨーロッパの近代システムの象徴として、ひとつの権威ある固定したものとして受容しているから、大都市ではオーケストラが恒常的に活動していなければいけないという意識がありますね。定期的な活動をしていなかったり、メンバーがころころ変わるようなれぞれの持ち場で力を発揮する、そんなことができる人ですよね。

田中　オイル・マネーということをテーマに語っていただきましたが、私、小学生のころに、あと四〇年くらいしたら石油はなくなっちゃうんだよって学校で教えられていました。

山崎　『ノストラダムスの大予言』がはやった一九七三年（昭和四八）、中東の戦争で石油価格が高騰したオイル・ショックのころには、あと三〇年といわれました。だからもうとっくになくなって、ハルマゲドンがきているはずなんですけどね。

片山　ローマ・クラブのレポートとかですね。ただ、ここ何十年で油田がどんどん見つかって、意外にいつまでもあるんだけども。石油がなくなるから原子力が必要ともいわれたのですが、あれは何だったのか。しかし、石油を燃やせば燃やすほど、地球温暖化が進むということで、悪者扱いされているし、あと、電気自動車になるから、ガソリン需要は減るいっぽうだとかね。そうすると、なくなるどころか余って値段も下がるいっぽうだとか。そうなると、クルレンツィスのありようも続かなくなりますね。今後どうなりますか。

な団体はまともではないかというようなな。オーケストラなんて、いいかげんで、いつもメンバーが変わってますみたいな形態が、歴史的にはあたりまえなのでしょうけれども。

山崎　音楽学校のシステムだって、ヨーロッパで確立されたのは一九世紀でしょう。

片山　一九世紀に育っていった新しいシステムですよね。

山崎　ロシアでは一九世紀後半にルビンシテイン兄弟が作った音楽システムが、二〇世紀に偉大なロシアの音楽家たちをたくさん生みだしました。

片山　ロシア五人組とかチャイコフスキーは、みんなはじめから音楽専業で身を立てようとした人たちではないですからね。音楽はむしろ賤業《せんぎょう》とみられていた。だから、音楽家というのは教会や王や国家から厚く遇される立派で偉い人だというイメージがあるとすれば、時代や環境にもよるけれど、それはやはりまちがっているんですよね。

山崎　一方に、一般の人もクラシック音楽に接する機会がきちんと与えられれば、聴くようになるという大衆教養主義の幻想があります。でもそういう教養主義はもう無理なんですよね。どうしても、聴く人と聴かない人がいる。興味をもたない人のほうが多い。でもそれを認めてしまうと、つまり市民の大半に関係のないものだと認めてしまうと、音楽文化に税金を投入する理由がなくなってしまう。

片山　「音楽はみんなのもの」というのは、芥川也寸志が大衆社会にクラシック音楽を宣伝するときのキャッチフレーズでしたが、みんなのものでないと、公的サポートをクラシック音楽が受ける理由がなくなってしまいますからね。そこがたいへん危うくなる時代状況が現出しているのが昨今でしょう。日本も欧米もそうでしょうね。すると、公的サポートがなくなったときに誰がサポートするのか。民間によるメセナも余裕がなくなっていますから、大きなシステムをもたせることがむずかしくなってきています。あとは公共ホールがさかんにアウトリーチをやっていますけど、アウトリーチといえば予算を取りやすいのですが、その効果については、私は疑問をもっています。というのも、たとえばヨーロッパやアメリカの地方都市の規模なら、定期的にアウトリーチを積み重ねていくことが可能で、効果が上がりやすいのですが、東京みたいな大都市でやっても、人が多すぎるし、まめまめしく繰り返して積み重ねてゆくことはたいへんむずかしい。特定の人をターゲットに積み上げていかないといけないのに、日本の公共は選択と集中には不向きだし、そもそも選択することは公共的ではないので、ひととおり均等にとなると、オーケストラなんか一生に一回、まわってくるかどうかになってしまうでしょう。それではどうしようもない。毎学期来るくらいでないと。たとえば小学生だったらですよ。東京都交響楽団は東京都下の学校へのアウトリーチを創立のころからずっとしていると思いますが、少数の団員で弦楽四重奏とか木管三重奏とかをやって回数の実績を作っている。それはしないよりもしたほうがずっと良いのだけれど、私には実につながることはすくないような気がします。アリバイ作り以上のことになっているのかどうか。

山崎　興味をもちそうな人たちに対象をしぼると、平等ではなくなってしまいますもんね。ただ、昭和の大衆教養主義のおかげで、現代の日本のオーケストラは演奏水準が高くなりましたね。団塊ジュニアくらいの世代のレヴェルがひじょうに高い。音楽教育を受けて音楽家になる経済的余裕もあった。しかし、このあとどうなるかはわかりません。

片山　上手い人はいると思うけれど、そんなに数が必要かというのはありますね。

山崎　ソリストは優秀な人が出てくるとは思いますけど、オーケストラを支えられる人数となるとね。

片山　室内楽とか室内オケとか、まさにヨーロッパ形式のアンサンブルだったら日本もまだまだメンツが揃うだろうけど、一〇〇人編成の上手なオーケストラがあって、それを聴きに来る人もいて、というのは事実上夢物語で、その夢物語が成り立っているのは、東京都交響楽団なら東京都、読売日本交響楽団なら読売グループ、NHK交響楽団ならNHKが、経費の半分とか三分の一とかを補助しているからでしょう。私がそういう話をすると、何を言っているんだ、お客さんは来ている、お金を払っている層は厚く存在するんだ、と反論してくる方があるけれども、オペラやオーケストラがいくらかかるのか知っているのか。満員売り切れでも赤字なんですよ。その赤字は誰がどのくらい払っているかわかっているのか。満員でも成り立たないものがあるし、ましてや満員にならなかったらどうするんだと。逆にがらがらでも補助が厚ければ成り立つのが芸術なんです。

その夢物語を成り立たせているのは、企業や公共のコンセンサスであり、もしもこのコンセンサスが崩れれば、N響も読響も都響も、単純な話、同じ給料で、倍は働かなくてはいけなくなる。これはもう演奏水準も練習もあったものではない。首席クラスなら、ばかばかしくなって、個人で稼いだほうがいいよと、みんな辞めてしまうでしょう。そうならないのは、足りない稼ぎをもらえているからで、N響だとNHKの受信料、都響だと都民の税金でしょう。だから、クラシック音楽が特権的に恵まれるなんておかしいといって、橋下徹が大阪センチュリー交響楽団と大阪市音楽団を、大衆を味方に付けながら斬り捨てた例が繰り返されれば、オーケストラなんてたちまち儚《はかな》くなる運命です。しかも、そういう危機の訪れる確率は、かつての教養主義がクラシック音楽のプロテクターとして機能していた時代とくらべると、飛躍的に高まっているように思える。橋下徹か、それに類する価値観をもった、都知事やNHK会長や読売グループ総帥が現れたら、砂上の楼閣はたちまち潰《つい》えてしまう。信じられないようなことが簡単に起きうるんです。怖いですよ。心配で夜も眠れません。そろそろ、政治家、企業の経営者、官僚といった、上に立って実権をもつ世代に、クラシックに対する共通理解がなくなってきていますよね。

山崎　自分は好きじゃないしよくわからないけれど、それでも文化に対して敬意は払わなければいけない、それが後世への義務だなんて意識や理解は、なくなってきているでしょうね。よいものだったら自然に客が集まって儲かるはずだ、金を稼げないものはなくなっていいんだという、単純な価値観が支配的になるのでしょう。ヨーロッパだと、音楽人口は減りながらもまだまだ自分たちの文化だという意識があるから、金も出しつづけると思うんですよね。

片山　彼らにとっては観光資源でもあるし、歴史の風雪にさらされても残るけれど、日本の場合は、権威という意識のなかでシステムとして必要だという意識以外なくて、システムとしてもたなくなったときに、じゃあ勝手にやろうとしても、どこまでできるのか。もともとそういう価値観と精神をもっていないわけですからね。

山崎　西洋文化とか教養への明治以来の憧れが、そろそろ擦《す》り切れているわけですね。

●……アマオケの隆盛

片山　一部の人の思い入れだけではもたないでしょうね。やはりポスト平成時代の日本のクラシックは、一部のスターや超一流のものを除いては危機に瀕することになると思いますね。アマチュアやセミプロでも上手い人はいますからね。日本のアマオケの数はすごいでしょう。

山崎　技術もすごいですよね。

片山　ネットにアマオケのコンサートの一覧があって、首都圏だと毎月のようにものすごい数の公演がおこなわれている。案内だけでも見きれないくらいで。最近ですけれども、ミャスコフスキーの交響曲第一番を定期公演に入れているアマオケがありました。ぜひ行きたかったのに日が合わなくて残念でしたが。そのチラシがすごいんですよ。「ミャスコフスキーというと暗く重い作曲家だと思っているかもしれませんが、第一番は明るいです」といったことが書いてある。それが宣伝文句なのです。ミャスコフスキーの作風についてすでにイメージをもっている音楽ファン向けのチラシなわけでしょう。日本のどこに何人いるのだろうか。しかし、そのアマオケでは、「ミャス一」を練習しようということで、企画会議や運営会議が通っているのだろうから、ミャスコフスキーにお金と時間をかける合意ができる環境があるのでしょう。これはものすごいアマチュア音楽文化の成熟です。伊福部昭をやるアマオケも多いですよ。ミャスコフスキーの交響曲第一番を演奏するアマオケはロシアにもないかもしれない。

山崎　このあいだも名古屋で愛知祝祭管弦楽団というアマオケがワーグナーの《ジークフリート》をやりましたが〔二〇一八年九月二日、御園座〕、アマオケがあの作品をやれちゃうというすごさ。

片山　ワセオケ（早稲田大学交響楽団）も一九七〇年代から《春の祭典》やっているわけですからね。

山崎　技術も高いし人数も多い。ワセオケの部員は三〇〇人いるそうです。三〇〇人いる部活なんて、他にはあんまりないでしょう。そして三年に一回、ヨーロッパの一流ホールで演奏旅行をする。これもワセオケを支えてきた。

片山　そこで田中雅彦さんのような存在が問題になるわけですね。田中雅彦さんはN響のコントラバス奏者で、現代音楽に熱心なソリストでもあり、私も昔から、三善晃や池辺晋一郎のコントラバス独奏曲を、田中さんの演奏で聴いてきたのですが、いつの間にかワセオケを仕切る方になっていた。これはニュートラルに言って、アマオケに富があるということなのですよね。日本のプロ音楽界は今後厳しいことがたくさんあっても、アマとの共存をはかると、かえって総体としては豊かになるかもしれません。ミャスコフスキー交響曲全曲演奏会が開かれてしまったりして。プロオケがいつも同じような曲目をもっともらしくやっているよりも、そちらのほうがいいかもしれない。プロが《ニーベルングの指環》をやろうと思ったら、大ごとだけれども、名古屋のアマチュアみたいな発想でやると、毎月日本のどこかで《指環》ができてしまうかもしれない。余っているプロの歌手が日本全土にどれだけいることか。きちんと稼いで家計を成り立たせようと思ったらむずかしいけれど、ほかの仕事をもちながらセミプロとして生きる気になれば、日本は楽しくなるかもしれませんね。

山崎　イギリスの上流階級、中流階級が伝統的にもってきたアマチュアリズムの日本版とかもありそうですね。日本のオーケストラ活動は、いくつかのプロオケを除いて、将来はアマチュアとセミプロが支えることになるかもしれませんね。わずかな職業音楽家をトップに据えるかたちで。なんか昭和初期の、草創期のオーケストラ活動に戻る感じだなあ。

3・11——無力感と復興ソング

田中　そこで次は、東日本大震災と福島原発のメルトダウン。二〇一一年（平成二三）の3・11。あのとき、これで日本はこの先変わるだろうと思ったんですけれども、何も変わってないじゃないかと。

片山　結論としていえば、変わっていないですよね。むしろ悪い方向に変わったというか、刹那主義化したかもしれません。二〇一一年の3・11を大きな区切りにして、文明観とかを変えて新しい長期スパンで突き進んでいきましょうと考えた人もいるかもしれないけれど、けっきょくその後は、北朝鮮のミサイルがいつ落ちてくるのかわからないというのと似たような話になって、南海トラフとか火山とかの災害がどういうかたちで襲いかかってくるかわからない。大丈夫かなと思うと必ず大きな地震がある。このあいだも大阪で地震がありましたが、この番組も収録したあと放送までにまた地震があるかもしれないし、まったくわからない。いま私どもが知っている最新の大きな地震は大阪府北部地震ですけれども［その後、二〇一八年九月六日に北海道胆振東部地震が起こった］、ああいうことがいつ起きるかわからなくて、しかも場合によっては原発事故とかも引き起こしかねないみたいな状態ですから、もうけっきょくはニヒリズムしかないんですね。真面目に心配しても、壊れるときは壊れちゃうんだから。いくら地震対策しようと思っても、二〇メートルの津波なんて逃げようがないんだから、どうしようもないじゃないかという。国土強靭化といってマグニチュード6か7くらいのつもりで備えていても、マグニチュード8が来たらどうするのという話で。けっきょくどの程度かわからないわけでしょ。だから国土強靭化とかは置いておいて、とりあえず二〇二〇年の東京オリンピックのことまで考えておこうかと。すごく悪い方向に変わったと思うんです。いまの安倍政権なんて昔の日本人の健常な感覚をもっていたら、たぶんもう四回か五回は総理大臣が変わっていてもおかしくないことが起きていて、それでも変わっていないわけですからね。だからたぶん、どうでもよくなっていると思うんです。

山崎　どうやっても変わらないという。たしかにニヒリズムになってきていますねえ。変えるきっかけはほかからやってくる。

片山　いつかまた地震が起きたら、そのときに変わるかもしれないし。人間が一生懸命真面目に考えても、もう無力。ある意味、古代的な感覚に戻ってしまったのかもしれない。先のことを考えても、もうどうしようもないんだという。いちばん先まで考えるといっても、二〇二〇年のオリンピックまでしか考えてないですね。あとどうなるんだろうなんて何も考えてない。恐ろしい時代になりました。そういう意味で、日本は変わったと思います。

田中　二〇二〇年で復興完了みたいなムード作り。

片山　もう復興させようがないから、むしろ違うことをやろうと。

山崎　目をそらしてしまうことを延々とやっている感じがしますね。

片山　目をそらされて怒るはずの人も、じゃあ目をそらさなかったらどうなるのかというと、高知に二〇メートルの津波が来ますとか、紀州のドン・ファンがいるあたりも二〇メートルの津波が行きますとか、防ごうとしても防げない。原発の後始末もできないのに。だから目をそらすなっていって怒っても、そらさないで直面してもできないものはできないということになる。できないことばかりだから、本気で怒る人も怒りきれない。すると違うことを考えようとなってしまうんです。ひじょうにひどい世の中になったことはまちがいない。

山崎　そのなかで復興ソングといえば、

片山　なにかほんとうにアイロニカルな感じがしますけれども、復興ソングといえば、NHKの作った《花は咲く》ですよね。菅野よう子の作曲ということで、今日は加羽沢美濃の編曲による吹奏楽版で聴いていただきたいと思います。川瀬賢太郎指揮の東京佼成ウインドオーケストラの演奏です。

♪花は咲く／菅野よう子

川瀬賢太郎指揮

東京佼成ウインドオーケストラ

佐村河内事件とポストモダンの完成型・新垣隆

田中　クラシック界、現代音楽界で、マスコミ的にもひじょうに話題になったのが佐村河内事件でした。佐村河内守という人が作った交響曲第一番《HIROSHIMA》という曲が大ブレイクして、日本のオーケストラが全国で演奏し、CDも売れまくるという現象があり、新垣隆という人が自分がゴーストライターとして書いたということを暴露して、それがまた大きな話題になりました。これは二〇一四年（平成二六）のことだったわけですね。

山崎　佐村河内という人は、まさに東日本大震災後の状況のなかで表に出てきた人ですね。そのなかで物語になっていっちゃった人というか。私が最初に聴いたのは東京交響楽団だったかな。二〇一〇年（平成二二）に大友直人さんが池袋の東京芸術劇場で第一楽章と第三楽章だけを演奏したってことがあって。たぶん東京でオーケストラがやったのはあれが最初だったと思う。たまたま聴いて、気に入ったんですよね。生で演奏会で聴いてしまうと妙な説得力がある曲なんですよ。でも、その段階ではまだ《HIROSHIMA》という副題は付いていなかった。彼は広島の被爆者の子どもではあるのですが、あの時点では、直接にそのことを作品に結びつけることはしていなかった。また、耳がよく聞こえないというだけでなく、激しい頭痛や心の病気などを抱えていて、外出するためには薬を数日間、大量に服《の》みつづけなければならないとプログラムの解説には書いてありました。普段は真っ暗な部屋に閉じこもっているという。これは、リハーサルに呼ばれてスコアについて質問を受けるような状況を避けるために考えついた言い訳だったのかもしれないけれど、とにかくその後のテレビでの、耳は聞こえないけれども、被災地を歩きまわれるようなイメージとはずいぶん違うんですね。それがテレビで紹介され、東日本大震災と組み合わされ、いわば平成風の大きな物語に乗っかっていくなかで、イメージがだいぶ変わっていった。私はその前の段階で曲を聴いたわけですが、なぜあのとき面白いと思ったかというと、彼の交響曲にはすごくキッチュというか、まがいものの感覚があったんです。私は彼と同世代で、片山さんには失礼ですが同じ一九六三年（昭和三八）生まれですから、そのまがいもの感こそが感動的だと思った。

片山　やはりキーレーンや上祐みたいな文脈ですね。

山崎　はい。まさに麻原彰晃が交響曲を自作として誰かに書かせたことと、動機的には似ていますよね。『ノストラダムスの大予言』とか『日本沈没』を読み、松本零士などの漫画やアニメを観て育った世代が、クラシックにおける現代音楽というものが語りにくくなった時代、いまさら交響曲を作る意味もわからないという時代に、あえて大交響曲を作る。それはもう、はじめからパロディじみている。過去の名作の影響から、逃れようがないんですから。映画『シン・ゴジラ』を作った庵野秀明なども、自分はパロディを作っているんだということを明らかに意識していますよね。東宝の特撮映画とかアニメの影響を受けて作ってきたと。まさにそれと同じようなノリで、佐村河内守の壮大な交響曲はキッチュでまがいものなんだけど、それでいいんだと思ったんです。われわれには、ベートーヴェンのような音楽は作れない。いくら作ってもしょせん、誰か先人の影響を受けた、まがいものの交響曲になるという意識があるなかで、それでも心を病んだ人が一生懸命頑張って作っているということに、私は共感したんです。いまは、誰もが心を病む可能性がある時代。たぶん私だって心のどこかが病んでいる。病気とまでは診断されずに、どうにか自分と周りをごまかせているだけで。それを、ほんとうに苦しみとして抱えている人が書いたのなら、長すぎようが暗すぎようが、まがいものじみていようが、それは現代日本の真実じゃないかと。

ところが、テレビで人気を集めてCDが売れて、交響曲の演奏会がツアーになって、震災の被害者追悼のための新作を求められることで、佐村河内が最初に作って演じていた姿がブレてくる。CDには《HIROSHIMA》というわかりやすい副題がつけられ、東日本大震災後の状況のなかで、ヒーローのようになっていく。時代に乗っかってしまった、大きな物語に乗ってしまったことによる悲劇ですね。私は、現代社会に疎外感を味わい、悩み苦しむ個人という小さな物語としての佐村河内にしか興味がなかったから、そのあたりはまるで無関心でした。あまり外出できないという最初の説明はどこにいっちゃったんだろう、とか思っていただけで。東日本大震災がなければ、彼はいまでも適当にペテン師として、作曲家を詐称しながらやっていけていたかもしれない——あえて言ってしまいますが。もちろん、これは私がまんまと騙されたことの正当化をしているつもりはありません。愚かであったことは大いに反省しています。

片山　山崎さんのお話をうかがいながらあらためて考えてみると、今日お話ししているような時代の文脈に典型的に乗っているわけですよね。しかもある種のまがいもの性を打ちだして、芸術とはこういうものだということを全部脱構築し、関節外しみたいなことをやる。関節外しも極端なところまでいくと、プロデューサーと作者の分離が起こってくる。つまり、こういうのを作れと指示して、自分が作ったことにする。まがいもの性を極端まで推し進めて、まがいもの性に意味があると考えると、ある意味自分で作っていなかったということで、かえって曲の値打ちが上がっているともいえる。

山崎　いまの私は、この事件は交響曲の作曲史における『パノラマ島奇

佐村河内守／交響曲第一番《HIROSHIMA》

談』だったと思ってるんです。ほんとうの自分ではない誰かになりすました男が作らせた、ほんとうは小さいのに視る位置によっては巨大に見える、パノラマ島みたいな交響曲。それにしても、ゴーストライターをつとめた新垣隆さんがほんとうに作りたいものは何だったのか。おもに活動しているのは現代音楽のフィールドですが、一方では職人としてロマンティックな作品を書くこともできる。まがいものならいくらでも書くことができるわけですね。彼はそういう才能にすごく恵まれている人で、長いものを作ってくれと言われたので、長いものを作ってみせた。それがあの交響曲だと思うんですが、それがなんともよくわからない妙な説得力をもっている。

片山　しかし、『パノラマ島奇談』とは言い得て妙ですね。後期ロマン派のスタイルで上手に書かれていて。まさにマーラー、ブルックナーの模造ユートピアで。

山崎　すでに指摘されていますが、最後はもろにマーラーの交響曲第二番や第三番の終楽章なんですね。もうそのままなんだけど、最後に鐘がカンカンと鳴り響くとグワーッと感動させられてしまう。

片山　その意味では、この『平成音楽史』の文脈において頂点に立つ作品かもしれません。

山崎　そうだと思います。

片山　キッチュ性とマーラー、ブルックナー的、後期ロマン派的なものですね。今日の話の最初のほうでマーラーの連続演奏会の話が出ましたが、一九七〇年代、八〇年代から準備されて九〇年代に花開いたものの決定的な決算として、佐村河内現象があったと。だから、じつは自分で作っていなかったからけしからんというのも変な話ですね。じゃあ新垣隆はほんとうは現代音楽を作りたいんだけど、佐村河内に頼まれたからああいうものを作っただけなのかというと、私はたぶんそうじゃないと思う。現代音楽も現代音楽ふうに作らなくちゃいけないと思うから、そういうスタイルで作っているだけで、こう言うと新垣さんは怒るかもしれないけれども、たぶん彼はもう、ほんとうに作りたいものがない世代なんですよ。

山崎　はい、職人なんですよね。アルチザンなんです。

片山　現代音楽みたいなものも作れるし、後期ロマン派みたいなものも作れるんだけど、本気で作りたいものはたぶんもうない。そういう意味でポストモダンの完成型みたいな人ですね。村上隆のような感覚ですよ。つまり本気なし、みたいなね。本気なしだから、ほんとうは自分はこういう音楽を作りたかったんだけど、生きるために佐村河内の奴隷になったという話も嘘でね。別に新垣隆という名前で発表してもいいし、誰の名前で発表してもいいし、佐村河内守でももうどうでもいいというか、だから誰かが主体になっているのは、あくまでも商品を作るために必要だからであって、そのことによって誰かが犠牲になっているという話でもたぶんない。

山崎　そのとおりです。誰かがきっかけを与えてくれたから、書けたというだけ。

片山　ほんとうはこういうのを作りたいんだけど、ということでも、たぶんないんです。なんでもいいんですよ。

田中　じゃあ《HIROSHIMA》を聴いて感動した人の感動はどこへ行っちゃうんですか？

片山　まがいものにこそ感動できるということなんじゃないですか。後期ロマン派ふうの交響曲で、たとえば《チェルノブイリ》とか《広島》とか《長崎》とか。スティーヴ・ライヒだって《WTC9／11》なんだから。別に《広島》だろうが《長崎》だろうが、なんでもいいわけですよね。

山崎　例のペンデレツキの《広島の犠牲者に捧げる哀歌》だって、もともとは《広島》じゃないいんですよね。あとで名前を付けたら、日本人にとってはすごく説得力がある曲になっちゃった。

片山　そうなんですよ。佐村河内も本人の伝記的な物語があまりにも前に出すぎたから、あと健康状態を偽っていたとしたらそれはそれで問題なんですが、基本的には日本人にとっては、まがいものであっても《広島》です《長崎》です《福島》ですって、どんなタイトルをつけても同じような曲になるんです。そういう曲名で聴いたら感激するんです。条件反射みたいなものでね。それで泣くんだったら泣けばいいわけじゃないですか。あまり目くじらを立てることでもないような気もしてきます。

山崎　商売ということで企業が乗っかっていたことが問題なのと、いまインターネットを中心にひじょうに不寛容な社会になっていて、小姑《こじゅうと》がそこらじゅうにいるなかで、許されなかった。あれが巨大な犯罪なのかというと、よっぽど大きな犯罪はほかにいくらでもあるわけで。せいぜい感動泥棒ぐらいか。

片山　そうなんですよね。いま冷静に振り返ってみると、あれはあれでいいんじゃないかという。

田中　『鬼武者』といったゲームの音楽を書いていたときはまだよかったけれども、交響曲第一番《ＨＩＲＯＳＨＩＭＡ》の作曲家を名乗ったときに問題視された。

山崎　大きな話題になったから、売れたから、はじめて問題になったわけですよね。芸術とはなんなのかということかもしれません。でも、話が戻ってしまうかもしれませんが、マーラーの交響曲だってキッチュだとずっといわれていたわけですね。じっさい彼の音楽は、ベートーヴェンふうにやってみたい、ワーグナーふうにやってみたい、ヴェルディふうにやってみたい、優秀な指揮者として自分が毎日指揮しているような音楽を書いてみたい、という思いに満ち満ちている音楽で、だから当時の人にはまがいものとしか受け取れなかった。でも、いまのわれわれはそれを感動して聴いていたりするわけです。

片山　これが真実だとかいってね。カウベルが鳴ったり、変な童謡みたいなのが聞こえてきたり、あんなデタラメなものがと、リヒャルト・シュトラウスなどはひじょうに呆れてたと思います。いまだってそう聴こうと思えば聞こえるはずなのに、祀《まつ》り上げられてしまう。まさにマーラー現象ですね。平成という時代に特徴的なことといえば、やはり壮大なまがいものにこそ感動するというところじゃないでしょうか。

山崎　ベートーヴェンこそが素晴らしいといわれたって、じゃあほんとうのベートーヴェン像って何ですかということになる。作曲当時の楽器や奏法を研究したピリオド・スタイルの登場で、ベートーヴェンの演奏もガンガン変わっちゃっているわけです。そのなかで、たとえばフルトヴェングラー、ベームなどが示していたベートーヴェンはいまどこにあるんだということになると、わけがわからなくなってくる。そういう過去のベートーヴェン像が現代に必要なのか、ということも人それぞれでしょうし。

片山　そうなんですよね。そう考えると、すべてが相対化されていくなかで、佐村河内守の交響曲第一番に、昔のように本気で感激している人もいるかもしれませんけれど、ひとつのイベントとしてみてもいい。

山崎　そう、そのとおりです。

片山　交響曲第二番《NAGASAKI》。第三番《FUKUSHIMA》。第四番《大阪北部地震》とかいって、全部同じような曲でもいいわけじゃないですか。

山崎　感動してる人がいるのだからそれでいい、ということになりかねない。

片山　だいたい後期ロマン派ふうのメロディって感動するんですよ。そういう刷りこみが、少なくともわれわれにある。あとはハイドンみたいにたとえば「日本災害セット」と言って、同じような交響曲が何曲もあったっていいじゃないか。それをまた、ああ、マーラーみたいだと言って、みんな涙する。

山崎　ハリウッド映画の音楽もその系譜を継いでいるわけで、煽情的な力がある。それにわかりやすい副題と物語がついていると、感動できる。そんな直情的なことでは近代的な、知性的な人間とはいえない。醒めた理知的な目をもて、というのが教養のもつ役割であり、現代音楽の目標のひとつなんでしょうけれども、それでは大衆の支持を得られない。その意味で《ＨＩＲＯＳＨＩＭＡ》は、大衆教養主義のなれの果てであると同時に、反知性主義の時代の交響曲でもあるのかもしれない。

ところでゴーストライターの新垣さんが、あのあとで作った交響曲がありますね。

片山　交響曲《連禱《れんとう》》ですね。けっきょく新垣隆さんが、自分の名前で、しかし佐村河内守の代作者として作ったようなスタイルを自分で引き受けて、つまり佐村河内守に頼まれないで、佐村河内守みたいな曲を作ったと。「連禱」って祈りですよね。英語でいえばLitany。まあ「広島」ほど露骨なタイトルじゃないけれども、犠牲者とか悲劇の時代といったものにたいするある種の鎮魂とかエレジーというようなイメージで作っていて、新垣さんとしてはクラシック音楽の作曲家らしく、少しむずかしく、少し引いた感じで作っていますね。新垣隆というクラシック音楽の作曲家が、後期ロマン派ふうのスタイルで、こういうのも作れますよといって作ってみたという曲ですね。その曲の終楽章である第三楽章の後半を聴いていただこうと思います。演奏は新垣隆指揮の東京室内管弦楽団――チェンバー・オーケストラなんですが、あとは寄せ集めで大編成にしている。巨大なシンフォニー・オーケストラなのに東京チェンバー・オーケストラっていうところも、なんかキッチュ的ですね。こういうのがやはり、われわれの時代ですね。

♪新垣隆／交響曲《連禱》第三楽章より

新垣隆（指揮&P）
東京室内管弦楽団

ハッタリ・キッチュ・まがいもの

田中　この佐村河内守さんという人はNHKのドキュメンタリーでいちやく全国に知られるところとなったわけですが、NHKがクラシックの演奏家を取り上げた過去のことを考えると、たとえばショパン・コンクールで優勝したブーニン。それからフジ子・ヘミング、辻井伸行が挙げられます。やはりテレビには絶大な効果がある。

山崎　それまでの普通のクラシックのレコードとは桁《けた》が違うセールスになる。ブーニンがショパン・コンクールで優勝したのは一九八五年、昭和六〇年ですね。昭和六〇年代というのは、最後の六四年が七日間しかないこともあってあまり論じられることはないけれど、「昭和六〇年代から平成」という括りもけっこう有効かもしれない。

片山　ちょうどペレストロイカなど、崩壊して転換期に移行する時代でもあるし、消費動向もバブルとはまた違うけれども、一種の成熟社会といえるような、いままでの進歩史観を脱してもう満ち足りたような時代ですね。

山崎　まさに消費社会で、ブーニンも消費されていく。教養が消費されていくというか。一九八五年、大衆教養主義が普及したこの時期にはピアノを学ぶ子供、学んだ大人が

たくさんいる。コンクールという場は、彼らにとってとても共感しやすい。プロの音楽家にとってはスタート地点であるけれど、学習者にとっては目標、ゴール。テレビがそのドキュメンタリーを作って、優勝者としてブーニンが選ばれ、わずか数年で消費される。

片山　しかもキッチュ度の高いものがいいと。

山崎　コンクール優勝物語から、挫折と復活の物語へ。ブーニンからフジ子・ヘミングという流れですね。

片山　もちろんフジ子・ヘミングとか辻井伸行の演奏そのものが、キッチュかほんものかということではなくて、彼らについてくる物語が増殖していくことが、意味をもつという時代ですね。そう考えるとやはり、クラシック音楽が音楽そのものとして素晴らしいというのとはちょっと違うかたちで、キッチュ度が高ければ高いほど受ける、それによって大きくまわっている時代ですね。だから音楽史を見るときもそういう視点で見たほうがいい。

『レコード芸術』も、名曲名盤じゃなくてキッチュの順位を付けたほうがいい。

山崎　キッチュ盤ね。まさにそうです。

片山　そっちのほうが重要だと。

山崎　まがいもの度みたいな。

片山　新垣隆とか佐村河内守とかが最上位に来るみたいな。そしてまたクルレンツィスもキッチュ度が高いと。

山崎　もちろん音楽というのは、芸術であると同時に芸能でもあって、ある種ハッタリで人気を得てきた部分もたくさんあるんですよね。とくにパフォーマンス、演奏という行為では、ハッタリも表現の一部であって、要はそのさじ加減次第。

column ④

平成の音楽書

平成の天才神話

片山　平成時代には音楽の本の点数は増えたのではないですか。この話題には、ぜひ音楽出版社の代表として、アルテスパブリッシングの木村元さんにも加わっていただきましょう。

木村　以前は音楽の本は、音楽之友社や春秋社など専門出版社が出すだけでしたが、大出版社も厳しくなって少部数の本でも出さなければいけなくなってきて、音楽書にも手を出すようになったというのはあります。

最相葉月『絶対音感』（新潮社）

片山　最相葉月の『絶対音感』〔新潮社、一九九八〕は売れましたよね。

山崎　絶対音感という能力にたいする憧れ。

片山　読んでみると、絶対音感を身に付けたものの悲しみのようなことのほうが印象に残るし、なんだか『人造人間キカイダー』のような、人間になりたくてなれない機械の辛ささえ連想してしまったほどでしたが、そことは違うポジティヴに見える書名で売れたのでしょうね。天才憧憬なのですかね。

山崎　音楽の才能を測るときのわかりやすい指標のひとつなんでしょうか。

片山　標準ピッチが定まる以前の古楽をやる人や、弦楽器奏者など相対的にピッチを変えていかなければならない人にとっては不向きな能力だということは、『絶対音感』のなかにも書いてあったと思います。

あと村上春樹、恩田陸、それから『のだめカンタービレ』みたいなタイアップやメディア・ミックス的なものもありました。

山崎　村上春樹の『1Q84』〔新潮社、BOOK 1・2：二〇〇九／BOOK 3：二〇一〇〕では、作中に出てきたヤナーチェクの《シンフォニエッタ》がいちやく注目を集めた。『のだめ』も売れましたね。漫画〔雑誌連載：二〇〇一～一〇〕、テレビ・ドラマ〔二〇〇六、〇八〕、アニメ〔二〇〇七、〇八、一〇〕、劇場版映画〔二〇〇九、一〇〕と広がっていった。主人公がピアニストというのがよかったのかも。恩田陸の『蜜蜂と遠雷』〔幻冬舎、二〇一六〕もピアノ・コンクールの話だし、やはりピアノという楽器の話は、共感してくれる人の数が多い。

平成のベートーヴェンは書籍から

木村　佐村河内守の著書『交響曲第一番』が講談社から出たのが二〇〇七年〔平

成一九）なんですよ。こちらはちょうど出版社を立ち上げた年で、書店に挨拶に行ったりしていたときにあの本がたくさん並んでいて。どんな人かもぜんぜん知らないし、いまから考えると、あの本が出ていたときにあの交響曲を聴いていた人ってほとんどいないんですね。

山崎　まだ音になってなかったですよ。

片山　デモテープだけですよね。

木村　それなのになんで本が出るのか。講談社の編集者がどうやって売ろうと考えたのか、すごく知りたい。逆にいえば、ある意味すごく象徴的だと思うのですが、聴こえない音楽こそが素晴らしいという、ロマン派的な音楽の王道ともいえるんじゃないかと思うんですね。

片山　本人は耳が聴こえなくてね。

山崎　ベートーヴェン的な交響曲で。

木村　誰も聴くことのできない音楽こそがいちばん上にあるという。それがあったからこそ、そのあとの神話化があったんじゃないかと。だから本がものすごい役割を果たしたわけですが、それを仕掛けた講談社の編集者はあの騒動でも話題になりませんでしたね。

山崎　帯を書いたのが五木寛之でした。あの効果は大きかったはずです。

木村　佐村河内が曲を世に出すより先に、まず本を出そうと思ったこともすごいなと思います。

山崎　セルフ・プロデュースは天才的ですよ。誰も聴いていない音楽という神話を作った。

片山　普通だったら、大出版社が、まだ演奏もされていない交響曲を作る苦労話の本をＮＨＫの番組よりも前に出すなんて。会議も通るはずないと思うのですが。作曲家本人も、まだほとんど無名でしょう。

山崎　デモテープを聴いた誰かがほんとうにすごい曲だと思ったのかもしれないですけど。メディア・ミックス的に相乗効果を生みだしていけるという話でもないと、会議は通らないと思うんですけどね。私が最初に聴いたのが大友直人が東京で第一楽章と第三楽章を３・11の前年の四月にやったものでこれが東京での最初の実演。その四か月後に秋山和慶が京都で全曲演奏をして。

片山　小出しにしていくんですね。だんだん全貌が明らかになっていく。あれは不思議な現象でしたね。メディアということを考えるとてつもなく不思議です。出版、テレビ、演奏会があって、ＣＤが最後。

山崎　ＮＨＫの最初のドキュメンタリー

佐村河内守『交響曲第一番』（講談社）

は震災のあとですからね。

木村　二〇〇三年（平成一五）に交響曲第一番完成、〇五年第二番完成、〇七年に書籍『交響曲第一番』発売、〇八年に広島交響楽団が一楽章と三楽章初演、〇九年に芥川作曲賞で三枝成彰さんが推し、一〇年に大友直人指揮東京交響楽団が一楽章と三楽章、同じ年秋山和慶指揮京都市交響楽団全曲初演、一一年全曲録音、一二年にNHKではじめて紹介されて、一三年にNHKスペシャル――という流れですね。

山崎　ずいぶん時間をかけてるんですね。

片山　それだけ長い時間があるのに、新垣隆は交響曲第二番を納品しないで終わったんですね。私のところに、はじめて交響曲第一番のデモテープが送られてきたのは二〇〇四年（平成一六）くらいだったかな。完成したと称しているころから、シンセサイザーによるデモテープがDATかMDで送られてきました。すごい曲だから聴けというあ

る人からの紹介もあったのです。わたくしとしては諸井三郎のほうがすごいに決まってるだろう、馬鹿者！　みたいな感じで、何から何までおかしく思われましたね。

山崎　長い月日をかけて、片山さんに相手にされなくも、あきらめずにプロモーションしていったわけですね。その執念については大したものだな。けっきょく、二〇一四年（平成二六）にゴーストライター問題が発覚する。ネーメ・ヤルヴィは二〇一五年にエストニアで実演とレコーディングの準備を進めていましたが、発覚後の混乱で日本側の関係者と連絡がつかなくなり、あきらめたそうです。

近代日本洋楽研究も花盛り

木村　私が編集した本で恐縮ですが、岩野裕一著『王道楽土の交響曲』［音楽之友社］も平成的ですよね。あれは一九九九年（平成一一）の出版でした。

片山　出光音楽賞を受賞しましたね。そういうムーヴメントの本にちがいないですね。

木村　このころはさかんに日本の近代音楽にかんする書籍が出ましたよね。

山崎　一九九〇年（平成二）ごろは、近衛秀麿についての本なんて古本しか見つからないような状況だったのが、ようやく再評価されるようになっていった。

片山　キングレコードの『伊福部昭の芸術』が一九九五年（平成七）から始まる。本名徹次の指揮する新交響楽団による、橋本國彦の交響曲第一番、諸井三郎の交響曲第三番、早坂文雄のピアノ協奏曲、深井史郎の《ジャワの唄声》などを集中的に取り上げた二回シリーズの演奏会は一九九六年ですね。それから神奈川県立音楽堂での「チェレプニン楽派」や橋本國彦をテーマにしたコンサート・シリーズとか。私はそれらのCDやコンサートにかかわって曲目解説をせっせと書いていましたけれども、

▲『伊福部昭の芸術』（キングレコード）

▲『日本作曲家選輯』（ナクソス）

▲『SPレコード復刻CD集』（ロームミュージックファンデーション）

岩野さんの本なども出てきて、いままで触らないほうがいいと思われていた時代をちゃんと客観的に見ましょうということになったのが、やはり一九九〇年代の後半でしょうね。

山崎　伊福部昭の再評価もそのへんからですか。

片山　一九八〇年代から「ゴジラ・シリーズ」等々の特撮映画音楽での人気は高まっていましたし、芥川也寸志や山田一雄やマリンバの安倍圭子や箏の野坂恵子といった人たちが伊福部の音楽を熱心に取り上げるということはあったのですが、クラシック音楽界の風向きが変わる大きなきっかけは、やはりキングの松下久昭プロデューサーの渾身の企画であった『伊福部昭の芸術』のシリーズでしょう。

山崎　プロのオーケストラが演奏するようになったという。

片山　『伊福部昭の芸術』は日本フィルですね。一週間くらいで四枚録るという、かなりハードなスケジュールでした。それからいろいろなことがありましたね。大澤壽人《おおざわひさと》の復権をはかるとか、ナクソスの日本の作曲家のシリーズ『日本作曲家選輯』とか。それから、ロームミュージックファンデーションの事業としての日本近代の歴史的音源をCDの箱物にしていくシリーズ『SPレコード復刻CD集』もありました。その復刻シリーズは、SPの大コレクターであられたクリストファー・N・野沢さんの執念のたまもので、私は構成協力者みたいな役まわりでしたけれども。そういうふうに、私としても、あれだこれだと、ずいぶんやって、いまにいたったというわけで。

山崎　片山さんの功績、そして業績は、ほんとうに大きいですよ。

片山　しかし、最近はまた潮目が変わったというか、ひと昔前の生々しいほうに戻った気がします。やはり一九九〇年代でしたが、山田耕筰が皇紀二六〇〇年［一九四〇年］記念に書いた交響詩で、元寇を描いた《神風》ですね、それをCDにしたときに、この種の曲を復活させるのはいかがなものかという批評が出ました。戦後五〇年くらいが、そうした反論が積極的に出るか出ないかの境目で、その後は、歴史的に重要な曲は客観的に聴かれるべきだという流れになっていって、たとえば伊福部昭でも《フィリピン国民に贈る祝典序曲》なんて「大東亜共栄圏」がらみの曲を演奏しても、怒る人はいなかったですね。先に挙がった岩野さんの満洲の本が出光音楽賞をおとりになって、受賞コンサートでは深井史郎の満洲ものである交響組曲《大陸の歌》を岩城宏之指揮でやりましたが、ああいうのも特にネガティヴに言われることはなかったと思うのです。

山崎　バランスがとれて、冷静な対応になったわけですね。事実は事実として。

片山　ところが、第二次安倍政権以降、政治が右寄りに生々しくなって、「ポツダム体制打破」とか総理大臣が言う世の中になりますと、歴史の事実を素直に客観的にとらえて、括弧に入れつつも音楽としてきちんと聴こうという理屈がふたたび通らなくなってきたところがあるのですね。

このあいだも藝大で「戦没学生のメッセージⅡ」というコンサート［二〇一八年七月二九日、東京藝術大学奏楽堂］をやったときに、私はステージで解説役を担当させていただいたのですが、終わったあとに、もとは高校の社会科の先生でしょうか、年配の方が「こんな戦争協力音楽をやっていいと思ってるんですか！」と詰め寄ってこられまして、そうしたら、「そういうつもりでやってるんじゃないんだから」と別の方が参加してきて喧嘩みたいになって、もちろん暴力は介在しなかったのですが、ちょっとした修羅場でした。ともかく険悪なんですよ。言論のプラットフォームが成立していないという、昨今のマスコミの情況そのままで。片方の人は戦争礼賛の要素があればそれはどんな曲でもやってはいけないんだと。もう片方の人は歴史的事実として作品が残っているし、聴きたい人もいるんだから、演奏していいじゃないかと。もしも、主催元が藝大でなくて右寄りの団体だったら、中身が文句なく素晴らしいのだから、日本人として聴いてとうぜんだ、という人も現れたでしょうね。

山崎　その「戦争協力音楽」というのは、なんだったんですか？

片山　何をやったかというと、草川宏のカンタータなのです。童謡《夕焼け小焼け》が有名で、「日本のヴァイオリン音楽の父」ともいわれる草川信という作曲家がいますが、その息子の草川宏という人が一九四〇年（昭和一五）にソロモン島で四五年に戦没している。草川宏は東京音楽学校に入学し、最終的にはルソン島で四五年に戦没している。

東京音楽学校の本科作曲科で橋本國彦に習っていたのですけれども、古賀政男作曲の《影を慕ひて》の作詞で知られる詩人の佐藤惣之助がシンガポール陥落を祝って『美術新報』という雑誌で発表した「昭南島入城祝歌」という詩に作曲したのですね。演奏するあてはなかったのかもしれませんが、カンタータとして作曲して、器楽のほうはピアノ伴奏ですが、オーケストラ伴奏のつもりでピアノの二段譜から三段譜に楽器の指定も書いてあり、声楽のパートは独唱が四人と混声四部合唱。ほとんど完成したかたちで残っていて、ご遺族が藝大に二、三年前に寄贈されたものが演奏されることになったんです。補作者、オーケストレーターをもちろん立ててです。それが約三〇分の大作で、ものすごく面白い。こんな曲があったのかと。指揮をした小鍛冶邦隆さんは、「マーラーとリヒャルト・シュトラウスが同時に出てくるけど、骨格はベートーヴェンの第九」とおっしゃってましたが言い得て妙で。マーラー、シュトラウス、プロコフィエフのようなメロディやハーモニーを用いながら、基本は第九の歓喜の合唱のスタイルに落着していって、独唱や合唱の扱いなどは、かなり第九ふうです。信時潔の《海道東征》は聴き手を選ぶかもしれませんが、草川宏のカンタータはサーヴィス精神旺盛で、外向的で面白み豊富です。若者の愛国賛歌であり、祝勝カンタータであって、音楽が舞い上がっている。緒戦の勝利に寄って、東京音楽学校の優秀で将来を嘱望された作曲学生が自主的に創ったカンタータとは、これはもう音楽史上のとてつもない宝ですよ。それが聴けて、私はもうほんとうに、その日うれしかった。

また、曲が良く書けているのです。東京音楽学校の作曲教育が充実していたことの証左でもあろうし、草川宏が草川信に英才教育を受けた、その成果でもあるのでしょう。しかし、話が戻りますが、高校の元先生には許せなかったのですね。反戦への思いを新たにしようと会場にやってこられた。平和を祈りながら、音楽の志半ばで、国家のために死に追いやられた音楽学生の最後の叫びを聴きたいとお思いになって来られたにちがいない。それなのに、最後に出てきたのがシンガポール陥落万歳を叫ぶ歓喜の合唱だったのですから。しかし、その作曲者の草川宏は、それから兵隊にとられて、フィリピンの土になった。この事実こそが歴史を知るということなのだからと申し上げても、怒りは解けなかったですね。そのお気持ちは、私はよくわかる。でも、草川宏の大作が聴けて、しかもそれがあまりに凄絶な歴史を、作曲者の全人生こみで語ってくれるのだから、私は断固、この補筆による世界初演を支持するのですが、やはりそれは対立をもたらしますね、いまのような状況では。ほんとうにむずかしいです。

　しかも、そのカンタータの前に、橋本國彦による、新発見の独唱とオーケストラのための《をみなら起ちぬ》という婦人決起の歌みたいなのをやったのですが、これがまたモーツァルトとかベートーヴェンのアリアみたいな、まったく擬古典的な作品で、転調しながらテンションがどんどん上がっていく。これは夫人を勤労動員するための機会音楽にちがいないのですが、橋本らしい曲で、また良いのですよ。そのあとに草川の《昭南島》でしょう。だから、戦没学生の哀しい曲を聴けると思ってきた人は平常心ではいられないだろう。音楽の蘇りに喜びつつ、お客様の反応に、この時代を深く思わざるをえない。戦争が絡むということは重いことです。

山崎　いまのお話は、昭和から平成にかけての精神史そのものみたいで、とても興味深いです。私が物心ついたのは昭和四〇年代ですが、このころは戦後民主主義まっさかり。日本の民衆は戦争の被害者だという歴史観があって、戦前にかかわるもの、皇国史観や軍国主義にかかわるようなものは悪で、忌むべきもの。話題にしてもいけない。終戦を境にして、戦後日本と戦前日本とのあいだには、決定的な精神的断絶があるという雰囲気でした。実証的な感覚というより多分に感情的なものだったので、雰囲気というのですが。だから平成になって片山さんが世に出てこられて、戦前の音楽を紹介されはじめたときも、失礼ですが右翼寄りの人、という形容を聞くことが多かった。戦前イコール右翼みたいな、単純な図式。でもだんだん、そうではないことがわかってくる。戦前と戦後は連続した時間のなかにある。ねじれてはいるかもしれないが、けっして断絶はしていない。戦争を生き残った人はそのまま戦後を生きるのですから、ごくあたりまえのことなんですが。都合が悪いから、目を背け、忘れたふりをしてきたけれど、戦前の文化は厳然と存在している。それは愚劣な結末につながったけれども、ほかの可能性もなかったわけではない。そのなかでなぜ愚劣な結末を選んだかを考えるには、戦前を冷静に、客観的に見つめていく必要がある。

　平成最初の一〇年間、一九九〇年代は、ソ連崩壊で共産主義幻想が吹っ飛んだあとなので、そうしたことが認められる余裕が出てきた。音楽もそのひとつですよね。大衆レヴェルでは軍歌が戦後もずっと歌いつがれていたけれど、ことインテリの音楽、芸術音楽については戦前のものは長く封印されていた。昭和のころの映画やテレビ・ドラマでは、インテリ学生はみな左翼で反戦主義で日本の敗北を見通していて、特高（特別高等警察）や憲兵にいじめられ、最後は最前線に連れていかれて犬死にする、みたいなステロタイプの描きかたがよくあったけれども、インテリといえどもそんな偉大な預言者みたいな人ばかりだったはずはない。お話に出てきた草川宏は、まさに預言者ではない、祖国の勝利を願う、音楽の才能をもった普通の人だったんでしょう。そういうことを認めたがらないのが、戦後民主主義の時代だった。

　そうして、それが平成初期には冷静になったんだけれども、東日本大震災、というよりも原子力発電所の事故をきっかけにして、乱暴にいえば体制派と反体制派というか、右翼と左翼というか、対立が激しくなってきた。そうしていまや、戦前をやみくもに美化してしまう勢力が強くなってきて、こんどは片山さんを左寄りという人までいる。歴史観の天秤が水平を保ったのは、平成はじめの二〇年間ほどだったのですね。ともあれその《昭南島入城祝歌》、私もいつかぜひ聴いてみたいです。

平成の音楽出版社

片山　ファンに影響を与えたといえば、宇野功芳・中野雄・福島章恭の『クラシックCDの名盤』〔文春新書、一九九九〕みたいな新書もありましたね。青弓社が出していた許光俊の『オペラに連れてって』〔一九九七〕とか『クラシックを聴け!』〔一九九八〕などの一連のシリーズとはかなり違った層が読んでいたのだと思いますけれども、最後の教養主義的な入門書といえると思います。

山崎　最後の教養主義という性格は、中野さんが丸山眞男の教え子であることを強く意識していたのが大きいのでしょう。一方で宇野さんの『交響曲の名曲・名盤』〔講談社現代新書、一九九二〕などを皮切りに、新書でとにかく簡単に知識が手に入れられるという流れが出てきました。「メータのブルックナーなど聴くほうがわるい、知らなかったとは言ってほしくない」とか、強烈で痛快な宇野節があれで一気に広まった。

許光俊『オペラに連れてって!』（青弓社）

片山　洋泉社の新書にもクラシックものがありましたね。鈴木淳史『クラシック批評こてんぱん』〔二〇〇一〕とか、面白かったですよね。私も山崎さんも登場していました。新書も平成時代はサブカル的になりましたよね。

山崎　たしかにサブカル的ですね。教養の不良化ともいえる。洋泉社系で取り上げられていたものには駅売りの廉価CDもあった。マイナー・レーベルのCDで、旧共産圏系の音源も多くて、そこで指揮しているホルヴァートがどうだ、ケーゲルがどうだという。それで、まさに「オレの名盤」みたいな言説が新書で紹介され、普及しはじめたばかりのインターネットを通じて広まっていく。片山さんも私も平成初期に参加してた、某外資系レコード店の敏腕マネージャーがマニアな常連客をあつめて毎週金曜に新宿三丁目の飲み屋でやってた、徹夜の飲み会にいた連中が、だいたいその発信源でしたけれども（笑）。許光俊さんや鈴木淳史さんなど、洋泉社系の書き手になる人の大半が、あの場にいましたね。洋泉社などの編集者も常連だったし。酒の席のおたく話が元になって、本になっていった。

片山　駅売りの、ほんとうに演奏者はクレジットどおりなのかと疑われるような、出所の怪しい安売りのCDまで、あえて取り上げた。それまでのメジャー・レーベルは、『レコード芸術』に広告を打って、批評も出て、それが推薦盤とか特選盤として権威をまとう。まさに教養主義的でしょう。そういう、大衆が少しでも階段を登ってハイ・レヴェルに近づこうというのではなくて、そのへんに転がっているのを拾え！　みたいな。

山崎　共産圏が崩壊して、東欧の音源がよくわからないルートで出るようになった。ホルヴァート、ケーゲルはその流れですよね。ケーゲルなんかは、それまでは旧東独のエテルナと契約した徳間ジャパンが国内盤を出してましたよね。

片山　きっちり値打ちをつけてね。

山崎　そういうレーベルにいた指揮者などの音源の輸入盤が、駅の通路にある店のワゴンに、一〇〇〇円とか五〇〇円とかで並べられるようになった。LPより小さくて軽い、お手軽なCDならではの現象で、そこからお気に入りを見つけてくる。

片山　旧《ふる》き良きレコ芸モデルが続かなくなる――まあ、いまでも続いてますけど――明らかな兆候ですね。『レコード芸術』特選盤とか朝日試聴室は当時まだ権威があって、宇野功芳はレコ芸の執筆陣のひとりなんですが、やはり遠山一行、吉田秀和のラインではなくて、ひじょうにサブカル的な感性をもった人でした。

山崎　ご本人はオタクなファンを嫌がっていたけれども、でもやっぱりサブカルだと思います。モノラルの放送録音や廉価盤をガンガン取り上げていくんですから。若い人はお金がないから、廉価盤なら買える！　といって面白がっていける。

片山 もちろん偉い批評家であり、著名な合唱指揮者でもあった宇野功芳さんですけれども、やはり時代背景の転換によって、B級的な感性の人だと思っていたら、その後サブカルのシェアが大きくなっていくにつれて、むしろ宇野功芳が大権威化していく。吉田秀和的な価値観とは別に、上下関係ではないところで、宇野的世界が立派なものとして成り立ってしまう。

山崎 宇野功芳の存在は、ある意味で司馬遼太郎と似てると思うんです。司馬遼太郎だって一九八〇年代までは、あれはあくまで小説だから真面目にとってはいけないという感じで、アカデミックな歴史学とは厳然と区別され、放っておかれていたじゃないですか。それがいつしか逆転して、司馬史観なんて言葉ができて、疑似学問みたいになっていく。時代的にはリンクしていると思うんです。

片山 たしかに、『この国のかたち』とかで大権威化していくのとリンクしていますね。『燃えよ剣』や『新選組血風録』の作家が、日本史は司馬遼太郎がいなくては始まらないという人になり、国の導き方についてまで、司馬のほか頼る者なし、という状態になった。これは大化けです。

山崎 価値観のコンセンサスがあったのが、いつのまにか崩れちゃったというのが、流れとしては似てますよね。

片山 ハイ・カルチャーとかアカデミズムとかジャーナリズムとかの区別がなくなっていくような時代ですよね。

山崎 同じ日本史でも、梅原猛はアカデミズムと喧嘩しているから、対立している存在として位置づけられますが、司馬遼太郎は喧嘩はしていないんですよね。別なところにいて、無視されていたのがかえってうまくいっちゃったという。

片山 梅原猛は中曽根康弘の協力を得て、一九八七年（昭和六二）に国際日本文化研究センター（日文研）を作るんですが、もともとアンチであり、カウンターだったんですよね。

山崎 司馬遼太郎はそうではなかった。

片山 アカデミズム対梅原みたいな構図があって、梅原はある意味、当時の政権を利用して日文研を創立し、下克上を果たすわけですが、じつは一九八〇～九〇年代はハイ・カルチャーが力を失って、サブ・カルチャーが上がっていくような時代です。司馬遼太郎はミドルの位置にいて、じつは学者も社長さんも司馬遼太郎を読んでました、みたいな状況だった。

山崎 そうか、司馬遼太郎も宇野功芳もカウンター・カルチャーじゃないんですね。ミドルの位置にいたサブ・カルチャー。なるほど。

片山 そうですね。わかりやすいですね。それで制覇してしまった。宇野功芳と司馬遼太郎はたしかに似ていますね。

グローバリズムに反撃するヨーロッパ古楽ブーム

片山　まさに古楽ブームもそうですね。

山崎　そうそう、古楽なんて最初はハッタリの部分がすごくある。

片山　だって、その時代にどういうふうにやっていたかなんて、ほんとうのところはわからないですしね。たしかに部分的にはわかることがあるけれども、そこから勝手に組み立てていって、これこそが正しくてオーセンティックだという印籠《いんろう》を出してきて、やってるわけじゃないですか。

山崎　一九六〇年代、七〇年代に世界がグローバル化していき、アメリカ的な合理主義的な価値観が世界を支配するようになって、クラシックもそうした価値観、モダニズムに染まりつつあったなかで、ヨーロッパからのある種の反撃ですよね、あれは。さきほどおっしゃられていたこととかかわりますが、一九六〇年代までの西ヨーロッパの前衛音楽運動は、冷戦体制のなかで共産圏の社会主義リアリズムに負けるなということで、アメリカがかなりお金を出して支援していた。フォード財団とか、ニコラス・ナボコフ率いる、ＣＩＡの資金をバックにもつ文化自由会議とかですね。だからその運動にはある種、アメリカ的精神であるグローバリズムがある。おかげで日本人も屈託なく参加できる。ところが一九六〇年代末、アメリカの経済力が西側世界のなかで相対的に低下し、社会不安も高まって、あまり金が出せなくなると、そのころから西欧各国の音楽家が独自に、みずからのルーツである音楽への関心をどんどん高めていく。中世や近世という、アメリカがもっていない歴史をもちだしてきて、じつはこうだったんだと音楽の価値観をひっくり返していく。時代的にはアメリカのヒッピー・ムーヴメントなどと連動していて、ブリュッヘンなども若いころは長髪でヒッピー的な格好をしていましたね。既成の価値観への異見表明として、新しい活動領域を求めて、民族性、各地域の独自性に目を向けていく。

片山　音楽の世界でも規格化、機能化が進みつつあるなかで、いかに自由度を高めながら、ヒッピーだからといって勝手にやるわけじゃなく、時代考証もしっかりして、正当性を主張するかという——すごい戦略ですよね。

山崎　(古楽は) アメリカ人に手がだせないものだった。ヨーロッパの反撃だったと思うんです。

片山　時代性やローカル性と正当性とを組み合わせてね。それこそ齋藤メソッドをやってからジュリアード音楽院に行くような、世界中みんなこうすれば上手になるというのとはまったく別の考え方。この時代の音楽は、こういう鳴りの弱い楽器でこういう弾き方でやらないと、ほんとうのところはわからないんですよ、という論法で逆襲していくわけですよね。

山崎　一九九〇年代には、さまざまなピリオド・スタイルの団体のCDがどんどん出てきます。平成の流れのひとつとして、日本でも商業ベースに乗った。ブルックナー、マーラーの重厚長大な音楽ほどには売れませんでしたが。そのなかでも、一九世紀末以降の演奏スタイルを引き継ぐだけでは出てこなかった、古楽ならではのスタイルのひとつが、カウンターテナーですね。裏声や頭声を駆使して、アルトやソプラノの高音域を出す男性歌手。私が聴きはじめたころは、アルフレッド・デラーという草分けがいました。デラーの歌もいま考えると、どれくらいオーセンティックだったのかわからないんですが、そこからどんどん発展して、より高い技術と強烈な個性をもつ人たちが出てきた。その途中で『カストラート』という映画もありました。あそこでは男声のカウンターテナーと女声のソプラノの声をコンピュータで合成して、じっさいにはありえないクオリティでカストラートの声を再現していく。

田中　ＩＲＣＡＭの技術を活用しているんですって？

片山　そうですね。ＩＲＣＡＭの音響合成の技術を使っているそうです。

山崎　現実には男性歌手では出しえない高音を、ソプラノを使って出させてしまうという。あれも架空のものを作ってしまったということで、キッチュ、まがいものですよね。そういった流れもあって、カウンターテナーがどんどん出てきました。ここでは田中美登里さんが好きなジャルスキーを。

田中　カウンターテナーって、いかにもファルセットのような声の人が多いと思いますが、ジャルスキーはぜんぜんそういう感じがしないんですよ。

山崎　ちょっと怪しげで、まさに中性的な声ですね。

田中　いまLGBTということもさかんにいわれるけれども、声もまたソプラノ、メゾソプラノ、テナー、バスの四つに分けてしまうんじゃなく、ほんらい境目なくいろんな声があるわけですよね。そして二〇一八年（平成三〇）はモンテヴェルディ生誕四五〇年でもありました。それもまた、カウンターテナーを普及させるきっかけにもなっていますよね。モンテヴェルディのオペラなんて以前はなかなか観ることができなかったけれども、ずいぶん上演の機会が増えました。では、そのフィリップ・ジャルスキーがラルペッジャータというグループと録音した『モンテヴェルディ／愛の劇場』というアルバムのなかから、〈ああ、私は倒れてしまう〉という曲を聴いていただきましょう。

♪モンテヴェルディ／《美しい歌の諧謔 第四集》より
〈ああ、私は倒れてしまう〉

フィリップ・ジャルスキー（カウンターテナー）
指揮：クリスティーナ・プルハール
ラルペッジャータ

ピリオド楽器による《春の祭典》

田中　古楽のジャンルでは、次々とすぐれた指揮者、団体が出てきましたね。ついこのあいだもロトの指揮するレ・シエクルの《春の祭典》がありました。

山崎　あの演奏会はすごかったですね。一九〇〇年代初頭、つまり《春の祭典》が初演されたころの楽器を集めてきて演奏したのですが、金管などは茶色くくすんだような色の金属。横須賀にある戦艦「三笠」に昔の軍楽隊が使っていた楽器が展示してありますが、それを思い出しました。ああいう、博物館入りしているような楽器を、生で吹いている人たちがほんとうにいるということに驚かされただけでなく、恐ろしく良い音で演奏がうまい。録音だけではなく、生でもあのレヴェルで《春の祭典》をやれちゃうんだ、と。

片山　ちょっと驚きましたね。

田中　ここ三〇年ということで考えると、以前は古楽といったらバロック音楽というイメージでしたが、最近はどんどん新しい時代のレパートリーをやるようになってきましたね。

片山　ノリントンなどが、後期ロマン派の音楽であっても二〇世紀初頭の作品までは、オーケストラの弦楽器はノン・ヴィブラートでやるべきだと言いだして、その後はピリオド楽器の思想がどんどん古典派、前期ロマン派、後期ロマン派、ドビュッシー、ラヴェル、ストラヴィンスキーにまで拡大されてきて、これはもう行き着くところまで行くと、たとえば山田耕筰をやるには、一九三〇年代の日本のオーケストラのスタイルじゃないとだめとか、戦後のダルムシュタットではこういう楽器を使っていたとかね。そこまで行っちゃうような気がするんですよね。そうするとすべてがピリオド楽器みたいな話になる。細分化のきわみですよね。

山崎　時代と地域によって差があって、たしかにそれをいいだすときりがなくなるんですが、作品にとってそれが大きな影響をおよぼすことなのか、無視してもいい程度の差なのか、それを一度は考慮してみることはあってもいいと思います。《春の祭典》なんて、ラトルとベルリン・フィルのものすごい高レヴェルの実演を聴いたときには、この作品を完璧に演奏するために二〇世紀のオーケストラの技術と楽器はここまで発展したんじゃないかといいたくなるほどに現代的な作品だと思いこんでいたのですが、ロトたちはあの時代のあの地域の楽器と奏法を復活させることで、それとはまた別の、目が覚めるように新鮮で生き生きとした響きをもたらしてくれた。音符をただ音にするという行為においては、モダン楽器のほうがすぐれていて、安定した、力強く輝かしい音を出せるのは絶対まちがいない。だから、一九八〇年代まではどこの国の交響楽団も、それを使うことが正しいんだという進歩史観でやってきた。しかしそれはまさにアメリカ的な思想で、アメリカのように歴史のない国にとってみれば、進歩史観というのはひじょうに都合がよい。「楽譜どおりの正確な演奏」を標榜する、一九四〇〜五〇年代前半のトスカニーニとNBC交響楽団などがそれを体現していた。じっさいの彼らは杓子定規に正確だったわけではありませんが、とにかくそういうスローガンを掲げる演奏法に対して、さっき古楽はヒッピーだと言いましたが、進歩だけが正しいわけではない、その時代その時代に鳴っていた響きの魅力があるんだと言い出す。これはやはりアメリカにたいする嫌味だと思います。

片山　グローバリズムに対するアンチってことですからね。

山崎　レ・シエクルは《春の祭典》の作曲当時のフランスのオーケストラが使っていた楽器を再現しているわけで、公演プログラムの解説で佐伯茂樹さんがひじょうに面白いことを書いていましたが、当時の楽器といってもそれは当時のパリ音楽院の教授が勝手に決めたもので、ちゃんと時代的に発展しているわけではなく、新しいものもあれば古いものも混じっていて、もうめちゃくちゃなんだけれども、それを再現してやろうということらしいです。そういう意味では何が正しいのかよくわからない。

片山　そうですね。ともかく少なくとも耳で聴いてすごく新鮮でした。ひじょうに不思議なバランスで、あとこんな特定の音域でこんなに鳴りが悪くていいのか、とかね。ほんとうはもうちょっと鳴っていたんじゃないかとか、いろいろ思ったりもするんだけれど、とにかくでこぼこ感の面白さがありました。

山崎　音色がどんどん変わっていくし、すごく独特の軽さもありますね。たぶん初演当時はもっと下手くそだったはずで、あんなに高い水準であんなに立派に《春の祭典》が鳴るはずがないんだけれど、そういう意味では完全に架空のもの、現代のものではありますね。

片山　そのうちモントゥーがこういうふうに振ってたとか、そうじゃないとオーセンティックじゃないとか言いだしたりして。

山崎　演奏もぐじゃぐじゃにして技術水準も昔に戻せみたいな。そういうことも考えさせてくれる演奏ではあって、面白いですよね。

それでは、そのロトが指揮をしてレ・シエクルが演奏した《春の祭典》の最後の部分をお聴きください。

♪ストラヴィンスキー／バレエ音楽《春の祭典》より〈いけにえの踊り〉

指揮：フランソワ＝グザヴィエ・ロト
レ・シエクル

column 6

平成の演奏家

平成のヴィルトゥオージティ

山崎　よく覚えているのが、吉田秀和が亡くなる直前に『レコード芸術』で、音楽評論家の投票によるピアニストのベスト10を見てすごく驚いていた。ホロヴィッツが一位で、内田光子が一〇位までに入っていない。ヨーゼフ・ホフマンが二〇位って、どういうことだと。ホロヴィッツやホフマンのような、一九世紀的ヴィルトゥオーソを音楽評論家ともあろう者が評価して、内田光子のように真面目な音楽家を高く評価しないなんて、そんなことがあっていいのかと。吉田さんには信じられないという感じだったわけですが、いわゆるヴィルトゥオージティというか、指がまわる人がどんどん認められていったのが平成かなと。

片山　精神性から名人芸へというのはたしかにありますね。それは教養主義からの解放ということと関係があるのでしょうねえ。サラサーテやリストやパガニーニが復権しましたものね。しかも精神性というと、ドイツ音楽はドイツ人にしかわからないといった種類の話になるのでしょうが、技巧主義になれば、これはいささか品悪く言うと芸であり曲芸ですから、ドイツ人でもフランス人でも日本人でも関係ない。ある種のグローバリズムと合致していた。ところがそこから先がたんなる世界共通の土俵ではない。時代様式とか使う楽器とかで特化していく。そうするとみなが普通の楽器を使って表現していた、スタンダードなかでの精神性がまた沈没してしまう。バッハの時代となると、ドイツ人ならわかるというものでもない。昔々のことだから。日本人のほうがバッハがわかるという話も成り立ちうる。そういう現象は、古楽はもちろんですが、鍵盤楽器全般でも顕著なような。

山崎　ピアノはほんとうに分化していますよね。モダンのコンサート・ピアノをきわめていく人と、いっぽうでピリオドの鍵盤楽器を弾く人も出てきて。ショパン国際ピリオド楽器コンクールというのも始まりました。とはいえ、モダン・ピアノのコンクールの場合は使用する楽器の水準はほぼ平等に保てますが、ピリオド楽器のコンクールの場合、楽器がショパンの生きていた時代にも年代ごとに機構面の進歩を重ねていて、しかも地域差もありますから、一定の基準のもとに演奏者の技術や能力をはかることがむずかしそうです。

片山　モダンの場合はテンポとかミスタッチとかを、体操やスケートみたいに採点できますもんね。

山崎　いっぽうでヴァイオリンやチェロなど弦楽器も技術は上がっているんですが、技術が高いということで評価されているのかというと、ピアノの場合とはちょっと違っている気がするんですね。

片山 むしろ様式と結びついているかが重視されるようになった。だから、たとえばヴェンゲーロフみたいにやたら上手い人ばかりが評価されるわけではない。

山崎 大きなホール、たとえばサントリーホールでヴァイオリン・リサイタルをするなんて、いまになってみると異常な感覚だと思いますが、二〇世紀的には売れるヴァイオリニストならあたりまえだった。いま考えるとぜんぜん適した環境じゃないわけですが、当時は二〇〇〇人級のホールを埋められてはじめてメジャーなアーティストだ、みたいなイメージがあった。

片山 そういえば、ハイフェッツはホロヴィッツほどには再評価されていないですよね。

山崎 前よりは増えたかもしれませんが。

片山 ハイフェッツのライヴ録音とか、ホロヴィッツほどにはありがたがられていないような。ピアノとなにか温度差があるのかな。それとも私がわかっていないだけなのか。

山崎 ピアノのほうが新しい楽器なので、モダニズムの技術信仰になじみやすい。ヴァイオリンは古いからこそ、各時代の様式への結びつきなどが重視されるのかもしれませんね。旋律を歌う楽器でもありますし。その点でハイフェッツは親しみにくいのかも。

機能主義的ヴァイオリン

山崎 バリバリに指がまわったヴァイオリニストといえばギドン・クレーメルがいるわけですけれども、途中からはピアソラなどの分野にも力を入れちゃうわけですよね。

片山 クレーメルは、指はまわるし、ノン・ヴィブラートで弾くとか、シュニトケやペルトを取り上げてレパートリーを広げるとか、室内楽での共演者のしぼり方とか、いろいろな面で後進のヴァイオリニストを導いたけれども、そのあとはレパートリーと演奏スタイルを敏感に対応させながら勉強熱心に詰めていく点では、イザベル・ファウストやコパチンスカヤのほうが、もっと先まで行ってうまくやっている感じがします。クレーメルとよく共演しているイブラギモヴァは、レパートリーも鋭い弾き方もクレーメルっぽいかもしれません。

しかし、イザベル・ファウストはやはり感心しますね。バッハからフェルドマンまで、各時代の各スタイルに対応して、しかも自然体で弾けてしまうのは、普通ではない。クレーメルだとカリスマですが、ファウストはいっけん普通ですよ。どんな曲も普通にやれるということのものすごさがある。

山崎 イザベル・ファウストはサントリーホールで聴くヴァイオリニストではないわけですよね。もっと小さい空間に向いている。だから二〇世紀的な感覚では評価しにくい。ヴァイオリニストがオーケストラを従えて、というピアノ協奏曲的スタイルが求められたわけですから。ほんとうはヴァイオリンにそれができるわけがないんですよね。ピアノのように対抗できるわけではないのに、対抗できるという一種の幻想があった。

片山　それはまさにアメリカが作った幻想ですね。

山崎　一時期、ジュリアード音楽院のドロシー・ディレイ門下というのがもてはやされていました。まさに大ホールに響きわたる強い音のひとつの理想だといわれていたけれど、あれはホールで聴くぶんにはいいですが、録音で聴きたいかといえばそうでもない。

片山　ああいうのが近代的な機能主義の極北で、やはりピアノの真似ともいえるかもしれないですね。その路線はやはりカーネギー・ホールをいっぱいにするという発想から来たもので、それもまたヴァイオリンという楽器がもっている機能にはちがいないんだけれども、しかし無理がありますよね。やはりヴァイオリンというのは無茶な楽器なんですよ。こんなに小さくて、もとはこうやって膝《ひざ》の上に立てて胡弓《こきゅう》みたいに弾いていたはずなのに、耳の横にかまえてガンガン鳴らすようになった。もうありえないですよ。私は子供のころヴァイオリンをやっていたんですが、あごに挟むと痛いし、耳にはうるさいし。難聴になるのはあたりまえで、非人間的な楽器なんです！　肩に乗せると、たしかに胡弓みたいに弾くよりも力を入れられます。西洋人はあの小さな楽器にそこまで何かを求めてしまったんですね。オイストラフは心臓麻痺で死んでますけど、彼はスタビリティ(安定性)が高いんですよね。ぜんぜんブレないで弦にものすごい圧力をかける。あんなことしたら、肩がどれだけ凝るかという……。心臓麻痺が起きるに決まってます。そこまで肉体を酷使してピアノに張り合うような近代性を追求していったわけですが、やはりどこかで虚《むな》しくなってしまう道ではないか。その道の限界を感じたあとに来るのが、クレーメルからポスト・クレーメルの世代になってくる。

山崎　オイストラフの音はとても安定していてよく響いたそうですね。一九五五年(昭和三〇)の初来日公演を聴いた三谷礼二さんは、協奏曲の前奏をした日本のオーケストラ全員よりもデカイ音でオイストラフの独奏が出てきたので、ぶったまげたといってました。そのくらい大きい響きだから、カーネギー・ホールにもふさわしい。アメリカ人が熱狂したのもまずはその点でしょう。クレーメルがオイストラフ門下のもっとも有名な弟子でありながら、スタイルは似ていないというのは時代の変化として象徴的ですね。弦楽四重奏にしても、アルバン・ベルク弦楽四重奏団などはウィーンの団体ですが、カーネギー・ホールとかサントリーホールでやれる音量なんですよね。とにかくよく響く。それを引き継ぐかたちで東京クヮルテットもいた。しかしいまではもう、あの、とにかく響かせるというスタイルは違うんじゃないの？と思ってしまいます。

片山 その時代その時代にいるとあまりピンとこないけど、弦楽器の世界は三〇年という幅で見るとぜんぜん変わっちゃってますね。

山崎 いまも魅力的な弦楽四重奏団はいっぱいあるけど、全員がいつも均質な音色でとにかくよく響かせる、みたいな団体は減りましたね。

片山 弦楽四重奏って、モーツァルトとかハイドンを機能的に、音楽としての情報量を詰めこんでバリバリ弾かれても面白くないでしょう。ジュリアード弦楽四重奏団の行き方は、ひとつの時代の窮《きわ》まりだと思うし、バルトークから現代ものだと、その方向でもっと極めていけるけれど、多くのファンが聴きたいだろう古典派・ロマン派のレパートリーは、やはり対話と掛け合いと即興味でしょう、欲しいのは。そういう方向で、ヴァイオリンのポスト・クレーメルに相応する変化が弦楽四重奏でも起きたのでしょうね。

平成の古典派

山崎 古典派が面白くなったのも平成の特徴だと思うんです。モーツァルト、ハイドンとか、シューベルトなどの前期ロマン派的な音楽も含めて、昭和のころの演奏を聴いてもつまんないじゃないですか。楽譜どおりに機能的にやったってああいう音楽は面白くならない。

片山 楽譜どおりっていっても、宮廷や貴族のお屋敷で弾いているわけだし、楽譜出版するときも、マーラーみたいになんでもかんでも書いておくという時代じゃありませんから。新即物主義的に楽譜どおりにきちんと弾いたとしても、解釈する情報量が少なすぎるから、ようするに簡単に弾けばいいということになる。そうするとけっきょくはニュアンスがなくなるわけですよね。ああいう音楽は解釈がともなってはじめて面白くなるのに、現代のオーケストラにとってハイドンはアンサンブルの基本ですからといって、おさらい会みたいな感じで、一曲目にやったりしてね。ハイドン、モーツァルトの弦楽四重奏曲って子供のころはつまらない音楽だとすごく思いましたね。

山崎 古典的というのを、端正で清潔で無駄がないなんてふうにとらえると、面白くもなんともないんですよね。そのくせ、なんか偉そうで。腕ならしみたいに演奏会の曲目の頭にある場合は、たしかにつまらないことが多かった。ただ、いまおっしゃった解釈をしようとすると大ホールには向かないんですよね。物理的な音量としては聴きとりにくくなるので。

片山　狭い空間でニュアンス豊かに、いっけん単純に見える音符の並びにどんな歌や踊りのリズムを見つけるかということがないと、面白くない音楽ですからね。ＬＰ時代のヴォックスやターナバウトにも、パウル・ザッハーのヨハン・クリスティアン・バッハとかたくさん前古典派があったのを思い出しましたけど、面白いわけないですよね。単純な曲をザッハリヒカイト（即物主義）にやるのだから、器械体操の基本技を味もそっけもなく見せられているようで。ザッハーの指揮だと思えば、マニアとしては喜べるのですが。そういうつまんないと思っていたものが面白くなったのはやはりホグウッド以降ですね。あたりまえだけれども、現代の性能のいい楽器で、現代のうまい人が演奏すると、みんなやすやすと弾いてしまうでしょ。管楽器のレパートリーはほんとうにそうで、前古典派などは現代の楽器で、うまい奏者が、手持ち無沙汰になるようにやられては楽しめない。でも、ピリオド楽器でやると、難所とみえなかったものが難所になる。風景が変わる。スリリングになる。やはり音楽はきわきわでないと楽しくない。古楽演奏は、ヘンデルもテレマンも、バッハの子供たちも、ハイドンもモーツァルトもベートーヴェンも、きわきわにした。その意味で、みんな楽しくなってしまいました。

山崎　ただ、そのスリリングさが増すぶん、ピリオド楽器はうまく弾ける人が限られてくるわけですね。モダン楽器は、それよりは確実に安定した音が出るから、あるていどの人がやればあるていどの演奏ができる。まさに一億総中流的。それがアマオケの水準の上昇にもかかわるのかもしれません。古楽運動はそれとは逆になる。これもグローバル化にたいする揺り返しだと思います。少数の人のために、小さなホールで、少数のエリートが演奏するものにはなっていく。

片山　ロストロポーヴィチがあるインタビューで、「最近はバッハの《無伴奏チェロ組曲》でも、ガット弦を張ってノン・ヴィブラートで演奏するような人が出てきていますけど、ロストロポーヴィチさんはどう思いますか」と訊かれて、「私にはまったく理解できない。せっかくよく鳴る楽器があって、われわれが積み重ねてきたテクニックがあって、この金属の弦で大ホールで響かせることができるようになったのに、なぜわざわざ鳴らない楽器を鳴らない奏法で弾くのか」と答えていました。「人類の進歩の観念からするとありえないことをしている」と。つまり古楽運動はロストロポーヴィチからすれば、音楽の歴史にたいする反動だということになるんですよね。

山崎　まさに退歩と反動を認めない社会主義リアリズムであり、ルビンシテイン以来のロシアの音楽システムの成果ですよね。彼らには古楽の人たちの感覚は認められないでしょう。

片山　むずかしいことをやってそれができるかということが面白いわけだから、簡単なものはつまらない。昔の曲になればなるほどつまらないという。

山崎　ジャン＝ギアン・ケラスが最近出したアルバム『ヴィヴァルディ／チェロと通奏低音のための六つのソナタ』は、ヴィヴァルディのチェロ・ソナタを聴いて楽しむことが可能なんだということを教えてくれる演奏でした。ガット弦を使ってピッチも低めなんですけど、それによってはじめてヴィヴァルディの、ただ機械が動いているみたいな音楽を面白いと思いました。ちょうど同じ時期に、ヨーヨー・マが三回目のバッハ《無伴奏チェロ組曲》を出しましたが、あれは正直つまんなかった。こんなに違ってしまうんだと思いましたね。

片山　ヨーヨー・マは、うまい人がちょっと年齢相応にしなくちゃと、いろいろやってるんだけど、でも、「やっぱり僕うまくてすみません」みたいな演奏でしたね。だとすると。レパートリーをなんとかするしかないのだが……。

山崎　ヨーヨー・マはまさに二〇世紀的なよく響く人として出てきて、でも二〇世紀の変わり目くらいには、ピノックと共演したこともありましたね。ちょっとピリオドをやってみたり、シルクロード・アンサンブルをやってみたり、ピアソラをやってみたり、カントリー・ミュージックをやってみたりしている。その経験をへて出したバッハがあれか、とちょっと悲しい感じがしました。

片山　あまり血や肉になっていないということですよね。やはり近代人なんだなあ。そこを活かすのは近現代音楽だと思いますが、仕事には結びつきにくいから。ヨーヨー・マは、クリストファー・ラウスなど、現代アメリカのチェロ協奏曲を集めたアルバムがあったと思いますが、ああいうのがいちばんいい。でもみんなが聴かない。

山崎　ウィーン・フィルも、一時期ラトルとピリオド・スタイルのベートーヴェンをやったり、アーノンクールとも組んだりして、けっこう面白そうだったのに、いまはもとの伝統的なスタイルに戻っちゃいましたね。このままでいいと止まってしまったみたいで、さびしいです。

片山　ヨーヨー・マも含めて、いちど、ロストロポーヴィチ的な土俵に立って味を占めた経験があると、やはり近代の身の丈に戻ってしまうのかもしれない。すると、ヨーヨー・マよりも……。

山崎　ケラスは平成時代を代表するチェロ奏者だと思いますよね。

片山　ケラスは「イザベル・ファウスト

一家」でもあり、柔軟に顔を使い分けられる人ですね。

山崎　もともとはブーレーズのＩＲＣＡＭから出てきて、トラキア・アンサンブルともやるわけですからね。

片山　ありとあらゆるものを、その流儀に合わせながら、その流儀の中で詰めてやってしまえる。人間はあそこまでできるんだなと。あの世代になると人間の能力が上がっているような気がします。若いうちにあそこまで経験していると、やはり使い分けられるんですね。

●……近代的ピアニストの限界

山崎　弦楽器は、ここまであげたように古今のさまざまな様式を高水準に使いわけられる奏者が登場している。鍵盤楽器に目を転じると、やはり楽器や機構が大きくちがってしまうせいか、チェンバロとピアノ、フォルテピアノを自由自在に使いわけられる人は少なそうですね。ホロヴィッツのように、モダン・ピアノ専門の過去のヴィルトゥオーソの人気がいまだに高い。

片山　ピアノを弾くことじたいがたいへんなので、たしかにケラスやイザベル・ファウストみたいな万能ピアニストっていないですよね。

山崎　たとえばシュタイアーみたいな人はチェンバロもフォルテピアノもうまいですが、プロコフィエフをモダン・ピアノでバリバリ弾くというわけではない。ファウスト一派でいうと、メルニコフがちょっと幅広いですね。

片山　幅広いぶん、やや普通かもしれませんね。かなりいい線を言っていると思いますが。

山崎　そこがやはり鍵盤楽器の融通がきかない部分なんですかね。

片山　人間が両手であれだけのことをするのだから。ピアニストは飽和していますよ。弦楽器ほど自由に使い分ける余地が残らないのかもしれませんね。

山崎　たとえばポリーニなどはいま、正直無残なわけじゃないですか。

片山　ボロボロな駝鳥《だちょう》ですか。

山崎　ピアノという楽器のもつ抽象性をひたすらに求めて、技巧が衰えても求めつづける。ほかのピアニストなら、技巧の衰えを詩情や歌心というようなもので埋めあわせていくという手もあるでしょうが、そうはしない。

片山　あとはレパートリーを変えるとか。高橋悠治みたいに年を取ったら相応の美学と弾き方になってゆければいいのだけれど、ポリーニはそうはいかない。

山崎　ポリーニにはそれができないんでしょうね。純粋で張りつめた、一点の曇りもないダイヤモンドみたいなタッチと高度な技術の持ち主で、ひたすらに真面目な芸術で、ホロヴィッツみたいに一種の芸の要素も含めて聴かせるものとはまるで違う。吉田秀和がポリーニのショパンの練習曲を大絶賛して、一九七〇年代にはピアノ演奏を代表する様式だったわけですよね。それを支えるのは完璧な技術力だったのだけれど、その技巧が衰えてきても、スタイルやレパートリーをあくまで転換しない。

片山 そのときに対応する価値観とか考え方を、少なくともあの世代は知らないんですよね。

山崎 アルゲリッチみたいに早くからソロを辞めちゃうのも、ひとつのやり方だったんでしょうね。

片山 アルゲリッチはそのあたり上手だったですね。

山崎 室内楽やコンチェルトに絞って、独奏はちょっとしかやらない。最近は少し復活していますけど。

片山 こいつはダメだと思われないように上手に見せていくんですね。むずかしい曲は弾かないで、弾ける曲で徹底的にやってすごいと思わせる。ベートーヴェンの第一番のコンチェルトとか。いつも弾きますよね。しかも感動します。

山崎 聴かせる力がすごい。やはり芸をもっているわけですよね。

片山 それにくらべると、ポリーニが三九年かけて完成させたベートーヴェンのピアノ・ソナタ全集は、最後のほうになると、なんというんだろう、《荒城の月》を思い出しますね。

山崎 なるほど。あの全集って、バリバリに弾けていた時代に最後の三つのソナタ［第三〇〜三二番］を録音しているんですよね。あえて三九年もかけて完成させるということに意味があったんでしょうか。

片山 三九年たっても変わっていなかったというのが、ポリーニのイメージになるのかもしれないけれど、やはり最後になると、栄華をしのぶというか、荒城の月の美しさですね。つまり荒城でも美しいということはあります。それに、そういうときに弾いても様になるようなものを最後に残していたという深謀遠慮もあるのかもしれない。

山崎 ポリーニはポリーニでそれなりに平成を代表しているアーティストですかね。

片山 うーむ。

山崎 「ひびの入った骨董」という名セリフがありましたね。

片山 あれは吉田秀和さんがあの時代にあの調子のホロヴィッツに対して言ったからよかったし、ひびが入っても、いい骨董は高い。そんなに価値が落ちないですから。いまのポリーニはなんと形容したらよいのか。やはり荒城の美か。聴きたい人は聴きたいのだし、それはそれでけっこうなことです。

山崎 信者とそうじゃない人がいるということで、たぶんそれでいいんでしょうね。いまでも日本での人気は高いし。

片山 ポリーニも一種の生き神の世界です。聴きたい人がいるかぎり、弾いていればよい。まったく正しい。これぞ資本主義です。

山崎 フジコ・ヘミングとか辻井伸行とか、強烈なファンがいて動員力がすごくあるんだけど、無関心な人は無関心と分かれてしまっているケースは、ピアニストに多いですね。

片山 ピアノはファンの人口がかなりいるから、特定層へのアピールを達成すれば、大ホールでじゅうぶん興行できてしまう。

山崎 サントリーホールがいっぱいになるくらいなら動員できるんですよね。

片山 外来オケが来ても、そのオーケストラの人気と言いますか、興行価値がじゅうぶんでないと認められた場合も、ソリストはそういう限られた人たちになりますね。日本に普通に外国のオケが来ても興行がなりたたないという証明になっているわけです。ポリャンスキーとロシア国立シンフォニック・カペラの福岡公演［二〇一七年一一月二日、アクロス福岡 福岡シンフォニーホール］のソリストがフジ子・ヘミングだったのですが、そのときフジ子さん は「私もよく知らなかったけど、ロシアにもこんなにすごい指揮者とオーケストラがいますから、みなさんも応援してあげてくださいね」とあいさつしたそうです。そういう言説が成り立つ世界もあるし、そちらのほうが多数派の世界であり、「もうひとつの真実」なんですね。わたくしは、ポリャンスキーは大指揮者と思っているのですが、それは「少数派の真実」にすぎない。

山崎 フジ子・ヘミングのほうが動員力がある。

片山 そういう人がソリストだからこそ、福岡や広島や仙台でそのオケが公演できるということなんでしょう。

山崎 一種の思考停止みたいな気もしますね。

片山 トランプ大統領が何をしてもすごいという人がいるのと、似たところがあるかもしれません。

山崎 ピアニストってその意味で、ほかの世界から切り離された感じがありますね。よくもわるくも孤独で、確立されたスタイルをつらぬく。

片山 たとえば、ピアニストが奏法を変えると崩壊する人が多いじゃないですか。キャリアがそこで途切れたりしてあまりうまくいっていない。ヴァイオリンはメニューインみたいにうまくいかなかった人もいるけれど、たぶんもうちょっと融通がきくのではないですか。ピアノの人が、両手を別々に動かすメカニズムをどういうふうに身につけて、それをどういうふうに変えていけるのかということは、運動生理学とか脳と手や足の動きを研究している人に聞いてみたいですけど。いちど身に付いたことを直すのは、やはり容易ではないのではないでしょうか。

戦後日本の最高傑作——小澤征爾

田中　音楽祭もいろいろありましたね。〈東京の夏〉音楽祭——一九八五年（昭和六〇）から二〇〇九年（平成二一）まで開催されましたが、片山さんもずいぶんいらっしゃったんじゃないですか？

片山　ずいぶん行きました。現代音楽や民族音楽ですね。ロジェストヴェンスキーがリムスキー＝コルサコフの《シェエラザード》を振ったのを聴きに行ったこともありました。東京文化会館ですね。あれは珍しかった。あと、石井眞木の大打楽器合奏の《輝夜姫》。あれはもうほんとうにうるさかった。耳が壊れた。あれのせいで、わたくしは耳を痛めたと思っている。あの日から耳が悪くなりましたよ、絶対に。石井眞木はまったくとんでもないやつだ（笑）。暴力反対！

田中　あとパシフィック・ミュージック・フェスティバル（PMF）は一九九〇年（平成二）から、サイトウ・キネン・フェスティバル松本［現セイジ・オザワ松本フェスティバル］が一九九二年から、別府アルゲリッチ音楽祭が一九九八年からで二〇周年でした。ラ・フォル・ジュルネ・オ・ジャポンは二〇〇五年（平成一七）から。目白バ・ロック音楽祭というのもありました、二〇〇五年から〇八年まで。主だったところを挙げてみるとこんな感じでしょうか。

山崎　あとは東京・春・音楽祭。二〇〇五年に東京のオペラの森という名称で始まって、当初は小澤征爾が出演者の中心でしたが、小澤さんが抜けた二〇〇九年以降も、上野の森全体を舞台にして、どんどん発展しました。音楽祭がこれだけ盛んになっているというのは、日本の豊かさを示していますね。

片山　そうですね、地方の音楽祭でもいま挙がっていないのがたくさんありますしね。それだけの公演数があって人も来るわけでしょう。そう考えるとすごいですよね。

山崎　松本の音楽祭などは、今後はどうなっていくのか、むずかしい部分もありますが。

片山　これはもう小澤征爾の人気とカリスマで成り立っている。これはもう真面目に言うのですが、生き神の域に到達している。すごいことです。たくさんキャンセルもなさるけれども、これも皮肉ではなく大真面目に言うのですが、ほかの演奏家なら、キャンセルしてけしからん、という話になるところから、小澤さんの場合はそういう声があっても、今回はダメでも次こそは、小澤さんがんばって、という声にかき消されてしまう。別に情報操作ではない。ほんとうにそうなる。これは神です。天皇陛下か小澤征爾かというくらいのものです。天皇陛下は行幸中止になっても、なんで来ないんだ、引退しろ、とは言われないでしょう。平成の今上天皇はみずから引退宣言をされてしまわれたけれども。小澤さんはその域にある。これはもう人の世界ではない。日本のクラシック音楽演奏家がそこまで行ったというのは、これはもうほんとうにすごい。

山崎　あれだけの規模のオーケストラが編成されて、交響曲とオペラをやる。地方都市でオペラ上演のある音楽祭というのは、サイトウ・キネン以外には考えられないですよね。

片山　やはり小澤征爾の集客力や人気があってこそでしょう。

田中　音楽祭のタイトルも二〇一五年（平成二七）から「セイジ・オザワ 松本フェスティバル」に変わりました。二〇一七年も一八年も小澤さんは出られませんでしたが。

片山　生き神だから、振らなくてもいいんじゃないですか。

山崎　小澤さんというのはやはり、昭和期からの高度経済成長の日本のクラシック音楽を象徴する人物であって、日本のクラシック・ファンにとっての聖地であるウィーンの国立歌劇場の音楽監督にもなり、ニューイヤー・コンサートも振った。音楽好きの日本人の夢をすべて叶えたような人ですね。そしてみずからの師である齋藤秀雄が編み出した齋藤メソッドを奉じて同門の弟子たちを集めて、サイトウ・キネン・オーケストラという日本独自のオーケストラを作ったわけです。

田中　片山さんとしては、小澤さんの功績のなかでいちばん大きいことは何だと思われますか。

片山　私にとっては、やはり自分の興味のある音楽を振ってくれることがいちばんうれしいので、その意味では、私がはじめて買った小澤征爾のレコードというのは、石井眞木の《遭遇Ⅱ番》と武満徹の《カシオペア》で、ああいうのを振ってくれてよかったなと思います。

田中　《ノヴェンバー・ステップス》だって小澤が進言して、ニューヨーク・フィルが武満に委嘱したんでしょう?

片山　そうです。やはりあの人のもっている感覚的な鋭さ、理屈を超えて音楽の本質がつかめて、直覚的に振れちゃうところ、とくにしなやかな運動性をもっている壮年期までの小澤征爾というのは、けっして悪い意味ではなくて動物的なすごさがありました。戦後日本の最高傑作みたいなところはあると思います。

山崎　日本を代表する作曲家が黛敏郎から武満徹に移りつつあることを直感したのは、まあ吉田秀和あたりの助言もあったんでしょうが、すごいですね。指揮法にしても、齋藤秀雄には理論先行だった部分があると思いますが、それを彼は肉体で表現できてしまう。

片山　だって彼はバーンスタイン先生、カラヤン先生、ミュンシュ先生、齋藤先生とか言いますが、ふつうありえないでしょう。水と油の人たちですよ、凡人からすれば。この組み合わせが矛盾しないところに、小澤の超越性がある。無限抱擁ともいえますが、彼には無限抱擁しているという自覚はおそらくないと思う。そういうつもりがないから超越できる。これはもう仏かもしれない。ありえないことが起こせるのが小澤だ。彼の世界では並存しうるというのが、もう理屈を超えている。

山崎　たしかにね。

片山　良いとこどりというのでもなく、みんな融合させられちゃう。もう理屈を超えたものがある。

山崎　日本人はアメリカ人以上にクラシックでは新参者で、縁もゆかりもないんだけれども、それを逆手にとって、すべてを直感的にこなすことができる。なんでもあり。あまりオペラは得意じゃなさそうなのに、平気でウィーン国立歌劇場に行っちゃうし。

片山　そうなんですよ。ほんとうに近代的で理性的な教養人だったら、ドイツ語やフランス語がよくわからなければ、ドイツ・オペラもフランス・オペラも振れるわけがないはずなのに、そこを超克しちゃう。なんか振れちゃう。振ったらうまくいった、みたいな……それが小澤征爾でしょ。

山崎　普通なら、音楽監督を引き受けることを冷静に考えたらいろいろ怖いはずなんだけど――。

片山　ぜんぜん平気という。けっして悪い意味で言っているんじゃなくて、もう存在としてそこを超越しちゃうんですよ。

山崎　飛び越えてしまう。それはすごいですね。その点はちょっと日本人離れしている感じですよね。

片山　ある種、日本人のなんでもありみたいなところを、ラディカルに突き詰めた人。なんでもありのアヴァンギャルドみたいな――それが小澤征爾なんじゃないですかね。

山崎　なんでもありの曖昧模糊としたものが、そのまま肉体化したのが小澤征爾というわけですね。

片山　そうなんです。だから昔よく私は小澤征爾を五族協和になぞらえて論じていたのですが、それはなかなか協和できないものと協和してしまうところがあるからなんです。もしかすると、父の小澤開作が満洲で実現できなかったことを息子が音楽で実現しているのかもしれません。

山崎　なるほど。無理なものをあえて肉体化してしまう、と。

片山　じっさい満洲国で五族協和なんて言って、異なる民族が仲良くできるわけないんですが、小澤征爾本人の世界ではできてしまっている。これはすごいですよ。

山崎　それじゃあ小澤征爾とサイトウ・キネン・オーケストラの演奏を。松本のサイトウ・キネン・フェスティバルが始まったのが一九九二年（平成四）ですが、その年に録音された齋藤秀雄ゆかりの曲でもあるモーツァルトの《ディヴェルティメント》を聴いてみたいと思います。

♪モーツァルト／《ディヴェルティメント》ニ長調 K136 第一楽章》

指揮：小澤征爾

サイトウ・キネン・オーケストラ

本土決戦としての東京オリンピック

田中　平成が終わったあとに控えているのが、二〇二〇年の東京オリンピックということになります。

山崎　いまオリンピックに向かってすべてが集中して、なにか総力戦体制みたいな感じがしますね。

片山　そうなんですよね。そこまでして向かわなければならないものなのか。真面目に考えると向かわなくていいと私は思うんだけれども、その場しのぎの遊びみたいなもので、どうせ世の中これからどうなるかわからないという投げやりな感じがありますね。そういうどうでもいいものに総力戦というのも馬鹿みたいな気がしますけれども、今日の話の流れからすると、やはり馬鹿だったわけです。全部キッチュ、でたらめな世界だから。

山崎　そうか、まがいものとしての東京オリンピック。

片山　だからもう、本気でどうこうするというものでもない。五輪で平和とか、みんな嘘だとわかっているんだけれども、まあそれでいいじゃないか、やりましょうよということですね。

山崎　ほんとうに本土決戦っぽいですね。そのあとのことを誰も考えていない。とにかく東京オリンピックに向かってすべての資材を集中し、人間も集中し、エネルギーも集中し、あとはどうなるかわからないという感じです。たしかに、一九六四年（昭和三九）の東京オリンピックは高度成長のなかにあって、高度成長を象徴するものでしたが、それとはちょっと違っている。むしろ私は一九四〇年（昭和一五）の、あの中止になった幻の紀元二千六百年の東京オリンピックのほうがなにか近いような気がする。

片山　ほんと、そうですよね。あの一九三六年（昭和一一）のベルリン・オリンピックを受けてね。なんか一九四〇年のオリンピックは本気でやろうと思っていたでしょうが、できるかできないかわからないけれどもやるぞ、みたいな感じでね。そうしたら、どんどん戦争になってオリンピックどころではない時代になってしまった。なにかひじょうに投げやりというか、いろんな思惑があって統一が取れないまま、めちゃくちゃになっていくようなところが似ているかもしれませんね。

山崎　一種のポピュリズムですね。こんどの東京オリンピックだって、二〇一五年（平成二七）に続けて起きた五輪エンブレムのデザイナーと国立競技場の建築家が交代になった問題など、その場その場の世論の興奮と感情で振り回されて騒動が大きくなった。けっきょく誰が責任取るのかわからないまま突っ走っていますが、いろんな意味で昭和初期、一九四〇年の前の状況に似ている。

片山　世界的に見ても似ていますね。いまのアメリカ、EU、ロシア、北朝鮮、中国などの状況は、戦間期の「昨日の敵は今日の友」みたいな状況に似ている。つまり誰と仲良くすれば大丈夫とか言っているると、すぐ手のひらを返される。トランプと結んで金正恩《キムジョンウン》を倒すと言っていると、トランプと金正恩が電撃的に仲良くしたりして、そのことは織りこみ済みだと慌てて取りつくろったりする。ソ連はけしからんとか言って、平沼騏一郎《きいちろう》が日独伊で防共協定を結べば大丈夫と言っていたら、急にヒトラーとスターリンが独ソ不可侵条約を結んでしまい、欧州情勢は複雑怪奇とか言って平沼が総理を辞めてしまうと、その後は松岡洋右《ようすけ》が出てきて、こんどは日ソ中立条約だと言ってやっていたら、独ソ戦が始まって、おやおや、なんてこった、じゃあうちもソ連とやってしまうかと、関東軍特別大演習をしてみるが、けっきょく演習だけで終わりで、その数カ月後に方向を変えて、真珠湾攻撃をしてしまい、ドイツを対米戦争に巻きこむ……。いまと似てますよね。ほんとめちゃくちゃ。

山崎　現代情勢も複雑怪奇。そうしてみると昭和後半の東西冷戦のころは、せいぜい中国がアメリカととつぜん和解したりした程度で、対立の図式が簡単でしたね。いまは明日どうなるのか、わけがわからない。

片山　北朝鮮とどういうふうに関係をもてばうまくいくのかとか、まったくわからない。

中長期的な展望を見通せないから、とりあえずその場しのぎでいろいろやっているだけですね。

山崎 けっきょくポピュリズム的な感情というのも、その場その場で起こってくるわけですからね。

片山 北朝鮮にしても、拉致などを取り上げて、ポピュリズム的な感情を煽《あお》りながらね。被害者やご家族はじっさいたいへんだと思うけれども、やはりただの動員のシンボルとして使われているだけではないですか。実がない。取ろうとして取れないのか、そもそも取る気がないのか。

山崎 ほとんど何の進展もないままですもんねえ。さて、ということで今日の締めとしてもってきたのが、山田耕筰が一九三二年（昭和七）のロサンゼルス・オリンピックのための応援歌として作った《走れ大地を》です。

昭和初年の大衆社会のひとつの現象として、新聞が懸賞をかけて募集し、そこに大量の応募があって、歌手も募集して作曲家が曲を書くというのが、昭和七年ごろに盛んになっていきます。新聞が他社と激しい部数競争を繰り広げ、売るために世論に迎合し、煽り、読者が参加するさまざまな企画をやりだした時代で、最初は《肉弾三勇士》ですね。上海事変とロス・オリンピックが同年に起きていて、そのなかで懸賞歌として《肉弾三勇士》の歌を募集したら、たいへんな数の応募が集まってきた。それ

column 7 平成の音楽祭

山崎 ラ・フォル・ジュルネとか東京・春・音楽祭など、決まった時期に決まった場所で集中しておこなわれるフェスティヴァルが定着したのも、平成の特徴かもしれませんね。

片山 一カ所に来たらいろんなのをやってますという。ディズニーランドみたいにね。

山崎 学園祭とか文化祭的なノリで。ラ・フォル・ジュルネは、いまは東京だけですけれど、一時期は金沢や新潟や滋賀、鳥栖に拡大しました。同じようなかたちで仙台のせんくらができたり、そういう音楽祭のかたちが日本に定着しましたね。ひとつのコンサートが四五分から一時間くらいの短い時間というのも特徴ですね。

片山 ラ・フォル・ジュルネには、普通の演奏会には来ないようなジェネレーションもけっこう来ているんですか?

を台湾出身の江文也《こうぶんや》という作曲家が、当時はまだ歌手をやっていたので、山田耕筰が曲をつけて江が歌った。山田耕筰もそれまで正統派のクラシック調で書いていたのを、もうちょっと売れるラインの歌謡曲的なものを作ろうとしている時期で、それに続いて作ったのがいまから聴いていただく《走れ大地を》です。これは朝日新聞の懸賞歌で、一九三二年に成功を収めた。

その次の一九三六年に、こんどはベルリン・オリンピックに合わせてライバルの毎日新聞が懸賞歌を募集して、《あげよ日の丸》というのに山田耕筰が曲をつけたんですが、これは歌いにくいメロディで、あまり当たりませんでした。このときに朝日新聞が、何もやらないよりはましだということで《走れ大地を》を歌手を変えて再発売したら、こっちがふたたび大ヒットしてしまった。一九三二年盤は中野忠晴が歌ったんですが、三六年に大ヒットしたほうは松平晃が歌っています。たしかに歌も松平のほうが気持ちいいし、曲も元気がよくて勇壮で、いいんですよね。

このころの山田耕筰が作った懸賞曲って、よくわからないメロディが多くて歌いにくいんだけど、これはおぼえやすい。しかも途中

山崎　子供連れ、〇歳児、三歳児でも入れるというのが、けっこう需要があるみたいですね。それがゴールデンウィークに、朝から晩まで丸一日やっている。それまで演奏会に来られなかった聴衆層を掘り起こしたことはたしかですね。

片山　チケットの価格設定とか時間帯とか場所とか、アウトリーチなどよりもそういうほうが掘り起こしが上手にできるかもしれないですね。東京都交響楽団（都響）とかN響も、新しい聴衆を掘り起こそうと思ったら、ラ・フォル・ジュルネ形式で小ホールを使って室内楽をやったり、大ホールではフルオケでゲーム・ミュージックをやったりして、一日中とか二日間ずっと開催するほうが、四、五人の奏者がいちいち学校に行ってやるよりも、はるかに効果がある気がします。

山崎　音楽祭の前後の平日に学生だけが聴く日、なんてのをもうけると面白いかもしれませんね。あと、東京・春・音楽祭も、上野の森という発想で、上野にある美術館や博物館を巻きこんでいるのがいいと思いますね。音楽と美術を交えた、総合的な体験にも可能性がまだまだあるでしょう。

片山　クラシックの将来を考えると悲観的な材料が多いけれど、子供連れや夫婦といった層が来やすい料金で、曲目やクオリティを考えればお客は来るものですよね。

山崎　毎年必ず、はじめて来ましたという人がいるんですよ。

片山　そっちの方向にうまくお金を使っていけば、またスポンサーが出てくるでしょうね。ある種のセミ・クラシック的なものも取りこんでつないでいけば、クラシックももう少し長生きしそうな気もしますけどね。高級で高コストなものだけを残そうとすると、レコード会社と同じでもうやっていけないでしょう。

山崎　固定費が毎月すごくかかるものを維持するのは、もう無理なんですよね。

片山　大野和士は「本番と同じところで練習できる環境がないとオーケストラは一流になれない。都響が悩んでいるのはそれだから、都響専用のホールを作るべきだ」と言うんですが、正論なんだけれども、いまの東京都で誰がそんなお金を出すんだという。でも、こういう極端なことを言うと、そうなのかなと思ってまちがってお金を出しちゃう人がいるかもしれない。そこまで日本の現状と発想が乖離《かいり》しているんですよ。

山崎　ヤンソンスがバイエルン放送交響楽団の首席指揮者としてミュンヘンに残っているのは、ミュンヘンにガスタイクに代わるホールを作るためなんです。ラトルがロンドン交響楽団に行ったのも、ロンドンにいまのバービカンよりもちゃんとした本拠地を作るためなんですよ。ガスタイク〔一九八五年〕にしてもバービカン〔一九八二年〕にしても、一九八〇年代にできたホールって評判がよくない。それに対して近年はフィルハーモニー・ド・パリとか、永田音響設計がかかわったりした、音の良いホールができるようになった。そういうこともあって、最近はホール建設が音楽監督の仕事だと考えられている雰囲気もあります。

片山　それを東京で言ってできるんならいいですよ。都響とN響だけ残って、あとは全部潰《つぶ》れてしまうような世の中なのかもしれませんけれども。そこまでの生き残りを彼らは考えているんでしょうね。

山崎　ある意味でそれが指揮者にとっての業績になるんですかね。自分の名前はつかないとしても。ベルリンのフィルハーモニーといったら、あれはカラヤンが作ったものというイメージがはっきりあるわけだから、けっきょく指揮者があとに何を残すかっていったら、いまはそれなのかな。

で《君が代》のメロディを引用したりしていて、この国歌が出てくれば日の丸も連想するし、オリンピックに向かって国威発揚にもなる。だんだん軍国主義化していくこの時代にぴったりの曲だということで、そして、未来はこうはならないようにという願いをこめて、この一九三六年のバージョンで聴いていただこうと思います。

♪山田耕筰／《走れ大地を》
松平晃（歌）
コロムビア合唱団

田中　《君が代》のメロディが出てきましたね。今日最初にかけた

ヤナーチェクの《シンフォニエッタ》も、チェコの体育大会のために作られた曲らしいですが、なにか一周した感じになりましたね。

片山　スポーツと動員というのはつながりがありますからね。

山崎　ファンファーレで走れ！　という。

田中　お二人はこの三〇年を振り返ってみて、いかがでしたか。

片山　最初はもう少しパッチワーク的に、ただ三〇年を振り返るつもりで話しはじめたんですが、とくにキッチュということを軸にして筋が通ってしまった。山崎さんとお話ししながら興奮してきました。素晴らしい番組でした。これを全世界に言いたいです！

田中　佐村河内守こそが真実、と。

山崎　マーラーに始まり、佐村河内を経てまたマーラーに戻ってくる、という。

片山　これは重要！　重要ですよ。

田中　長時間語り合っていただいて、平成という時代をあらためて認識できた気がしております。ほんとうにありがとうございました。

山崎・片山　ありがとうございました。

田中　ご案内は田中美登里でした。

おわりに――群雄割拠の音楽史を振り返って

本書のもとになっているのは、衛星デジタル音楽放送「ミュージックバード」の一二一チャンネル、「ザ・クラシック」で、二〇一八年八月一九日に放送された四時間番組、ウィークエンド・スペシャル「夏休み自由研究～平成音楽史」である。

「ザ・クラシック」はその名のとおり、クラシック音楽の番組だけを放送しているチャンネルで、ここで片山杜秀さんと私は、年末にクラシック界一年の出来事をふりかえる特別番組に、二〇〇三年（平成一五）から、ほぼ毎年出演させてもらっている。

初めの年は出演者が四人いたのに次の年は三人、三年目は二人と減っていき、そうなると四年目は一人になるのかと思ったら三人に増え、一転して五年目は中止となったりと変動していたが、二〇〇八年からは片山さんと私の二人だけに固定された。プロデューサーの田中美登里さんが初期をのぞいて毎年司会をされており、その手際のよい進行のおかげで、幸い聴取者の方からもご好評をいただき、年の瀬の恒例番組として、現在まで続いてきた。

ちょうど平成という時代の後半を、一年ずつふりかえっていたわけになるが、その拡大版として平成全体を対象としたのが、「夏休み自由研究～平成音楽史」という番組だった。片山さんが元外交官で作家の佐藤優さんと小学館から『平成史』という、じつに示唆に富んだ対談本を出されていたので、そのクラシック音楽版をやろうと田中さんが企画され、私も、佐藤さんとでは頭の程度が比較にならないが、そこはまあ我慢していただくとして、とにかくやってみよう、ということででできあがった番組だった。

ところが、自分たちで予想していた以上に話が面白くなってしまい、アルテスパブリッシングの木村元さんからお話をいただいて、その後あらためておこなった対談をコラムの形で追加して、こうして本にすることになった。

これはもちろん、片山さんの頭脳の冴えのたまものである。一四年前に私は、片山さんと会話することの快感を、自分のサイトの日記に書いたことがある。

「会話をさせてもらうことで、片山さんほど当方の脳味噌を刺激してくれる人は少ない。ほんとうに希有のひとである。脳の中のさまざまな端子が言葉の刺激で接続され、電気が流れだすような感じといったらいいのか、自分の頭まで回転がよくなったような気がしてきて、何とも言えない幸福感が味わえるのだ（もちろんそれは錯覚で、実際には当方の頭は錆びついたままであり、片山さんが補足してくれているだけなのだが）」

この幸福感は、毎年の年末番組はもちろん、この『平成音楽史』においても、まったく変わっていない。その感覚が読者の方にも伝わるなら、これ以上の喜びはない。

もともと、「ミュージックバード」の出演者として田中さんに私を推薦してくださったのも、片山さんである。

片山さんと初めてお会いしたのは平成の初め、新宿三丁目にあった「えび忠」という飲み屋だったと思う（いまもある「海老忠」とは別の店で、数年前に閉店した）。本文にも登場する、大型レコード店の名物バイヤーが常連客をあつめて、毎週金曜にここでやっていた、徹夜の飲み会のときだった。

早稲田にいた昭和の学生時代、音楽同攻会（誤植ではない）という音楽鑑賞サークルにいた私は、慶応の同種のサークル、三田レコード鑑賞会（ＭＲＫ）に、現代音楽などに異常に詳しくて、言っていることは過激だが口調はとてもていねいな、ものすごい人がいるという噂を聞いていた。

私がその頃に実際に会った人にかぎっても、ＭＲＫはとにかく強烈な人が多いサークル（当時は知らなかったが、許光俊さん、宮崎哲弥さんなどもおられたという）で、そのなかでも片山さんの存在は音楽鑑賞サークル界（？）にとどろいていたのだが、お会いする機会はなかった。

それが、平成のレコード界の流れを象徴する、輸入盤も大々的に取り扱う外資系の大型レコード店の店員さんがつくってくれた縁でお会いできたというのは、いまから思えば、いかにも平成の前半らしい話だったと思う。後半になればなるほど、インターネットのＳＮＳなどを経由する可能性が高くなったはずだが、まだ電車に乗って店舗に行き、現物を見て手にして買い、店員さんに顔をおぼえられて、会話をすることもあるという時代、だったからこそである。

レコード店の在庫の面白さと多彩さ、要するにワクワク感が、昭和のＬＰ時代よりもはるかに拡大していたときだった。本書のなかでも話に出てくるように、堅苦しい「教養」の重しがはずれ、マニアックに面白がることが当たり前になっていった時代であり、大型レコード店や中古レコード店、さらには駅構内のワゴン店が、そのための材料（CD）を大量に提供してくれていた。初期のパソコン通信——懐かしい言葉だ——などを通じて、情報伝達のスピードが増し、範囲もひろがりだしていた。

そこから始まったさまざまな体験を、昭和後半の戦後民主主義と一億総中流幻想と大衆教養主義の時代に育った自分たちが大人になって、その後に生きた平成三〇年間のクラシック体験を、ふりかえってみたのが本書である。

それはおおざっぱにいえば、カラヤンという「帝王」なきあと、古今東西さまざまな音楽と演奏家が群雄割拠していく時代だった。そのため、英雄に憧れる大衆を惹きつけ、つなぎとめる力は弱くなったが、私は、分裂しているほうが面白いと思っている。

ところで、平成という年代のくくりに、どれほどの意味があるのだろうかという人もあろう。たとえば私も含めて、すでに多くの日本人は、個々の年を記憶するのに、西暦を優先しているのではないだろうか。東日本大震災が起きたのは二〇一一年のことだとすぐに頭に浮かぶが、それが平成二三年だというのは、あらためて換算しないと出てこない。

しかし、平成というのはもっと長いくくりで歴史を考えるには、いいものだと思う。西暦の場合、九〇年代、ゼロ年代、一〇年代と一〇年単位で考えるのには向いているが、それより長いスパンだと半世紀の五〇年、一世紀の一〇〇年という単位になるから、変化の速度がおそろしく速い現代を語るには長すぎる。第一四《だいいちし》半世紀《はんせいき》、などという分けかたも考えられるが、語感が銀行的で堅苦しく、使いにくい。

それに対して平成は全体で考えたとき、バブル崩壊後、冷戦終結後の「現代」を、三〇年間という流れでみるのに適している。一〇年というスパンだと、変化を断絶ととらえてしまいやすくなる。三〇年のスパンは、天秤がゆれながら、行きつ戻りつしながら、私たち人間が生き続けていることを考えるのに便利だと、私は思っている。

それはそれでいいが、クラシックだけを扱っているのに『平成音楽史』とはずいぶん偉そうじゃないか、そもそもクラシックについても、あの話題が入っていないしこの話題も入っていないなど、ご批判はつきることがあるまい。それらは私の非才に由来するものだし、さらには本書のなりたちにもよるものである。ひたすらにご寛恕を乞うほかない。

最後に、興味のおもむくままに暴走し、脱線しつづける二人の会話を、きちんとした文章にまとめ、年表なども制作してくださった渡邊未帆さんに、心からの感謝の意を表する。

平成三一年三月四日　山崎浩太郎

平成音楽史年表（作成：渡邊未帆）

年	月	音楽	社会
平成元年／1989	1月	1日、ウィーン・フィル・ニューイヤー・コンサートをカルロス・クライバーが指揮 8日、三善晃のカンタータ《言問わむ風に》、近衛秀健の交響曲《昭和》テレビ放送。	7日、昭和天皇崩御。皇太子・明仁親王が第125代天皇に即位。新元号「平成」に制定 ジョージ・H・W・ブッシュがアメリカ大統領に就任
	2月	24日、ゲリラ・ヴォーカル・アンサンブル「トレリンコ」が一柳慧（大岡信作詩）《原子力潜水艦「オナガザメ」の性的な航海と自殺の歌》を初演	24日、大喪の礼
	4月	宇野功芳『クラシックの名曲・名盤』刊行 田中美登里、TOKYO FM「トランス・ワールド・ミュージック・ウェイズ」放送開始	1日、消費税開始（3％）
	6月		宇野宗佑内閣成立 天安門事件
	7月	東京ドームで象が登場する《アイーダ》上演 16日、ヘルベルト・フォン・カラヤン没	
	8月		海部俊樹内閣成立
	9月	東急Bunkamura、オーチャードホール開館	
	10月	ピエール・ブーレーズが高松宮殿下記念世界文化賞を受賞	
	11月	ジョン・ケージが京都賞を受賞	ベルリンの壁崩壊 ビロード革命

年	月	音楽	社会
平2／1990	2月		株価の暴落始まる
	3月	水戸芸術館開館、水戸室内管弦楽団設立	ミハイル・ゴルバチョフがソ連初代大統領に就任
	4月	大阪いずみホール開館	
	5月	8日、ルイジ・ノーノ没 12日、「プラハの春」音楽祭でクーベリックがスメタナ《わが祖国》を指揮、TOKYO FMで生中継	
	6月	パシフィック・ミュージック・フェスティバル開幕	
	7月	FIFAワールドカップのイタリア大会前夜祭として、カラカラ劇場で三大テノールが共演	
	9月	ヴァージン・メガストア新宿店、マルイシティにオープン	
	10月	レナード・バーンスタインが高松宮殿下記念世界文化賞を受賞 東京芸術劇場開館 14日、レナード・バーンスタイン没	東西ドイツ統一
	11月	HMV渋谷店、ONE-OH-NINEにオープン ベルティーニ指揮ケルン放送響、シノーポリ指揮フィルハーモニア管が来日してマーラー・ツィクルスを演奏	天皇即位の礼、大嘗祭
平3／1991	1月		湾岸戦争勃発
	3月		バブル経済崩壊
	6月		雲仙普賢岳噴火

	10月	ジェルジ・リゲティが高松宮殿下記念世界文化賞を受賞	
	11月		宮沢喜一内閣成立
	12月	宇野功芳『交響曲の名曲・名盤』刊行 スタジオ200閉館	ソ連崩壊
平4／1992	2月		千代の富士引退
	3月	CD『グレツキ／悲歌のシンフォニー』発売	
	6月		PKO協力法成立
	7月	4日、アストル・ピアソラ没	
	8月	12日、ジョン・ケージ没	
	9月	サイトウ・キネン・フェスティバル開幕（2015年からセイジ・オザワ松本フェスティバルに改称）	
	10月	王子ホール開館 アルフレート・シュニトケが高松宮殿下記念世界文化賞を受賞	
	11月	オウム真理教モスクワ支部オーケストラ「キーレーン」設立	
平5／1993	1月		ビル・クリントンがアメリカ大統領に就任
	5月	キーレーン来日演奏会	江沢民が中華人民共和国国家主席に就任
			Jリーグ開幕

年	月	音楽	社会
	8月		細川護熙内閣成立
	10月	ムスティスラフ・ロストロポーヴィチが高松宮殿下記念世界文化賞を受賞	
	11月	ヴィトルト・ルトスワフスキが京都賞を受賞	EU発足
平6／1994	3月	CD『グレゴリアン・チャント』発売、ヒーリング・ブーム	
	4月		羽田孜内閣成立
	6月		松本サリン事件 村山富市内閣成立
	7月		8日、金日成没
	10月	アンリ・デュティユーが高松宮殿下記念世界文化賞を受賞	大江健三郎がノーベル文学賞を受賞
	12月	映画『カストラート』公開	
平7／1995	1月	22日、阪神・淡路大震災から5日後に東京で朝比奈隆指揮東京都交響楽団がシューベルト《未完成》《グレート》を演奏	17日、阪神淡路大震災発生
	3月	タワーレコード渋谷店が神南1丁目に移転、クラシックの取り扱いを再開	20日、地下鉄サリン事件。30日、国松長官狙撃事件
	4月	紀尾井ホール開館	青島幸男が東京都知事に当選。横山ノックが大阪府知事に当選
	4月	岐阜サラマンカホール開館	
	5月		ジャック・シラクがフランス大統領に就任 麻原彰晃こと松本智津夫逮捕

平7／1995	7月	アメリカでAmazon.comがオンライン書店のサービスを開始	
	10月	アンドリュー・ロイド・ウェバーが高松宮殿下記念世界文化賞を受賞	
	11月	キングレコードのCD『伊福部昭の芸術』シリーズ開始	
	12月	CD『アダージョ・カラヤン』発売 アール・ヴィヴァン閉店	
平8／1996	1月		橋本龍太郎内閣成立
	2月	2日、柴田南雄没 20日、武満徹没	12日、司馬遼太郎没
	8月	11日、ラファエル・クーベリック没 14日、セルジュ・チェリビダッケ没 17日、秋山邦晴没	
	10月	ルチアーノ・ベリオが高松宮殿下記念世界文化賞を受賞	
	11月	CD『ギドン・クレーメル／ピアソラへのオマージュ』発売 ヴァレリー・ゲルギエフがマリインスキー劇場総裁に就任	
平9／1997	3月	アール・ヴィヴァンの後継店としてナディッフ開店	
	4月	10日、黛敏郎没	消費税5％となる

年	月	音楽	社会
	5月		トニー・ブレアがイギリス首相に就任
	7月	許光俊『オペラに連れてって！』刊行	香港返還 アトランタ・オリンピック開催
	8月		31日、ダイアナ妃没
	9月	5日、ゲオルグ・ショルティ没 東京オペラシティ開館	
	10月	新国立劇場開館 ラヴィ・シャンカールが高松宮殿下記念世界文化賞を受賞	金正日、朝鮮労働党総書記就任
	11月	CD『ヨーヨー・マ・プレイズ・ピアソラ』発売 クラウディオ・アバドとグスタフ・マーラー・ユーゲント管弦楽団OBがマーラー室内管弦楽団を設立 イアニス・クセナキスが京都賞を受賞	
平10／1998	2月	最相葉月『絶対音感』刊行	長野冬季オリンピック開催
	6月	横浜みなとみらいホール開館	
	7月		小渕恵三内閣成立
	9月	HMV渋谷店がセンター街に移転 6日、黒澤明没	
	9月	許光俊『クラシックを聴け！』刊行	
	10月	ソフィア・グバイドゥーリナが高松宮殿下記念世界文化賞を受賞	

	11月	別府アルゲリッチ音楽祭開幕	
平11／1999	4月		石原慎太郎が東京都知事に就任
	6月		男女共同参画社会基本法施行
	8月	フジ子・ヘミングのＣＤ『奇蹟のカンパネラ』発売	
	9月		東海村ＪＣＯ臨界事故発生
	10月	岩野裕一『王道楽土の交響楽』刊行、出光音楽賞受賞 宇野功芳・中野雄・福島章恭『クラシックＣＤの名盤』刊行 オスカー・ピーターソンが高松宮殿下記念世界文化賞を受賞	
	12月	ＷＡＶＥ六本木店、再開発のために閉店	
平12／2000	1月	27日、フリードリヒ・グルダ没	
	4月		森喜朗内閣成立
	7月		三宅島噴火
	9月		シドニー・オリンピック開催
	10月	トッパンホール開館 ハンス・ヴェルナー・ヘンツェが高松宮殿下記念世界文化賞を受賞	

年	月	音楽	社会
	11月	Amazon.co.jpがオープン	
平13／2001	1月		ジョージ・W・ブッシュがアメリカ大統領に就任
	2月	4日、イアニス・クセナキス没	
	4月	ヴァージン・メガストア新宿店が京王新宿追分ビルに移転	小泉純一郎内閣成立
	7月	NAXOS CDシリーズ「日本作曲家選輯」発売開始	
	夏	有楽町の中古レコード店ハンターが閉店	
	9月		11日、アメリカ同時多発テロ
	10月	オーネット・コールマンが高松宮殿下記念世界文化賞を受賞	
	11月	ジョルジ・リゲティが京都賞を受賞	
	12月	29日、朝比奈隆没	
平14／2002	1月		ユーロ紙幣・硬貨流通開始
	2月	14日、ギュンター・ヴァント没	
	6月	18日、山本直純没	FIFAワールドカップ日韓共催
	10月	タワーレコードの米法人が同社の日本法人を売却、資本関係が消滅	

平14／2002	10月	ディートリヒ・フィッシャー＝ディースカウが高松宮殿下記念世界文化賞を受賞 クラウディオ・アバドがベルリン・フィル首席指揮者・芸術監督を退任。サイモン・ラトルが同指揮者・芸術監督に就任	
平15／2003	3月		胡錦濤が中華人民共和国国家主席に就任
	3月		20日、イラク戦争開始
	4月		六本木ヒルズ開業
	5月	27日、ルチアーノ・ベリオ没	
	8月	クラウディオ・アバドがルツェルン祝祭管弦楽団をマーラー室内管弦楽団の団員を中核に編成	
	10月	クラウディオ・アバドが高松宮殿下記念世界文化賞を受賞	
	12月	みなとみらいホール開館	
平16／2004	1月	ヴァージン・メガストア新宿店閉店	
	2月	ディスクユニオン新宿クラシック館がカワセビルにオープン	
	3月	旧セゾングループのパルコがWAVEを売却	

	7月	ミューザ川崎シンフォニーホール開館 13日、カルロス・クライバー没	
	8月		アテネ・オリンピック開催
	10月	クシシュトフ・ペンデレツキが高松宮殿下記念世界文化賞を受賞 クラウディオ・アバドがモーツァルト管弦楽団を設立	
平17／2005	3月	東京のオペラの森開幕（２００９年から東京・春・音楽祭に改称）	愛知万博開催
	5月	ラ・フォル・ジュルネ・オ・ジャポン開催。初回のテーマは「ベートーヴェンと仲間たち」	
	6月	カールハインツ・シュトックハウゼンが28年ぶりに来日	
	10月	兵庫県立芸術文化センター設立、専属オーケストラとして兵庫芸術文化センター管弦楽団設立 マルタ・アルゲリッチが高松宮殿下記念世界文化賞を受賞	
	11月	ニコラウス・アーノンクールが京都賞を受賞	アンゲラ・メルケルがドイツ連邦共和国首相に就任
平18／2006	1月	モーツァルト生誕２５０年	
	2月	8日、伊福部昭没	トリノ冬季オリンピック開催
	5月	ラ・フォル・ジュルネ・オ・ジャポン２００６「モーツァルトと仲間たち」開催	

平18／2006	6月	12日、ジョルジュ・リゲティ没 13日、岩城宏之没	
	9月	グスターボ・ドゥダメル、ドイツ・グラモフォンからデビュー	安倍晋三内閣成立
	10月	仙台クラシックフェスティバル（せんくら）第1回開幕 スティーヴ・ライヒが高松宮殿下記念世界文化賞を受賞 ドラマ『のだめカンタービレ』放映（～12月）	
平19／2007	1月	アニメ『のだめカンタービレ』放送（第1期：２００７年１月11日～6月28日、第2期：２００８年10月9日～12月18日、第3期：２０１０年1月14日～3月25日）	
	4月	5日、アルテスパブリッシング設立 映画『神童』公開 27日、ムスティスラフ・ロストロポーヴィチ没	
	5月	ラ・フォル・ジュルネ・オ・ジャポン２００７「民族のハーモニー」開催	ニコラ・サルコジがフランス大統領就任
	7月	映画『ピアノの森』公開	7日、ロンドン同時爆破事件
	8月	ＨＭＶの英法人が日本法人を売却	
	9月		福田康夫内閣成立
	10月	ダニエル・バレンボイムが高松宮殿下記念世界文化賞を受賞	郵政民営化

	11月	佐村河内守の自伝『交響曲第一番』刊行	
	12月	7日、カールハインツ・シュトックハウゼン没	
平20／2008	5月	ラ・フォル・ジュルネ・オ・ジャポン２００８「シューベルトと仲間たち」開催	
	6月		秋葉原無差別殺傷事件 iPhone発売
	8月		8日、北京オリンピック開催
	9月		リーマンショック 麻生太郎内閣成立
	10月	片山杜秀が『音盤考現学』『音盤博物学』で第18回吉田秀和賞、第30回サントリー学芸賞を受賞 ズービン・メータが高松宮殿下記念世界文化賞を受賞	
平21／2009	1月		バラク・オバマがアメリカ大統領に就任
	3月	6日、アンリ・プッスール没	
	5月	ラ・フォル・ジュルネ・オ・ジャポン２００９「バッハとヨーロッパ」開催	村上春樹『１Ｑ８４』発売
	6月	辻井伸行がヴァン・クライバーン国際ピアノ・コンクールで優勝	

平21／2009	7月	21日、若杉弘没	
	8月	東京の夏音楽祭終了（１９８５〜）	
	9月		鳩山由紀夫内閣成立、民主党政権成立
	10月	アルフレード・ブレンデルが高松宮殿下記念世界文化賞を受賞	
	11月	ピエール・ブーレーズが京都賞を受賞 グスターボ・ドゥダメルがロサンジェルス・フィルハーモニック音楽監督に就任	
平22／2010	5月	リッカルド・ムーティがシカゴ交響楽団音楽監督に就任 ラ・フォル・ジュルネ・オ・ジャポン２０１０「ショパンの宇宙」開催	
	6月		菅直人内閣成立
	8月	ＨＭＶ渋谷店が閉店	
	10月	秋葉原のIshimaru Soft Jazz & Classic（旧石丸電気3号店）閉店 マウリツィオ・ポリーニが高松宮殿下記念世界文化賞を受賞	
平23／2011	1月		ジャスミン革命、エジプト革命、アラブの春
	3月		11日、東日本大震災発生、東京電力福島第一原子力発電所事故

年	月	音楽	社会
	5月	ラ・フォル・ジュルネ・オ・ジャポン２０１１「とどけ！ 音楽の力 広がれ！ 音楽の輪」開催 18日、ディートリヒ・フィッシャー＝ディースカウ没	2日、オサマ・ビン・ラディン没
	7月	佐村河内守のＣＤ『交響曲第1番ＨＩＲＯＳＨＩＭＡ』発売	
	9月		野田佳彦内閣成立
	10月	小澤征爾が高松宮殿下記念世界文化賞を受賞	5日、スティーブ・ジョブズ没 20日、カダフィ没
	11月	ＷＡＶＥ自己破産	
	12月		17日、金正日没
平24／2012	1月	5日、林光没	
	5月	ラ・フォル・ジュルネ・オ・ジャポン２０１２「サクル・リュス〜ロシアの祭典」開催 12日、吉田秀和没	東京スカイツリー開業 フランソワ・オランドがフランス大統領に就任
	7月		ロンドン・オリンピック開催
	10月	フィリップ・グラスが高松宮殿下記念世界文化賞を受賞	
	11月	セシル・テイラーが京都賞を受賞	
	12月	クリスチャン・ティーレマンがシュターツカペレ・ドレスデン首席指揮者に就任	第2次安倍晋三内閣成立。自民党政権 猪瀬直樹が東京都知事に就任

平25／2013	4月		村上春樹『色彩を持たない多崎つくると、彼の巡礼の年』刊行
	5月	ラ・フォル・ジュルネ・オ・ジャポン２０１３「パリ、至福の時」開催 《春の祭典》初演１００年	
	9月	２０２０年東京オリンピック開催決定	
	10月	プラシド・ドミンゴが高松宮殿下記念世界文化賞を受賞 4日、三善晃没	
平26／2014	1月	14日、クラウディオ・アバド没	小保方晴子がＳＴＡＰ細胞の論文を『Nature』誌に発表
	2月	佐村河内守ゴーストライター問題発覚、新垣隆が記者会見	舛添要一が東京都知事に就任
	3月		習近平が中国人民共和国国家主席に就任
	4月		消費税が８％となる
	5月	ラ・フォル・ジュルネ・オ・ジャポン２０１４「10回記念　祝祭の日」開催	
	6月	フランソワ＝グザヴィエ・ロト&レ・シエクルのＣＤ『ストラヴィンスキー／春の祭典』発売	ＩＳ建国宣言
	7月		東京オリンピック・パラリンピックのエンブレムが発表される。盗用疑惑等の問題により9月に白紙撤回

	10月	アルヴォ・ペルトが高松宮殿下記念世界文化賞を受賞	
	12月	10日、遠山一行没 飯守泰次郎が新国立劇場芸術監督に就任（２０１８年まで）	
平27／2015	1月	映画『マエストロ』公開	
	3月	津田ホール閉館	
	5月	ラ・フォル・ジュルネ・オ・ジャポン２０１５「ＰＡＳＳＩＯＮ～恋と祈りといのちの音楽」開催	
	7月	リブロ池袋本店が池袋西武から撤退し閉店	ザハ・ハディドによる新国立競技場のデザイン案が白紙撤回される
	10月	内田光子が高松宮殿下記念世界文化賞を受賞	
	11月	パーヴォ・ヤルヴィがＮ響首席指揮者に就任	13日、パリ同時多発テロ
平28／2016	1月	5日、ピエール・ブーレーズ没	
	3月	5日、ニコラウス・アーノンクール没	
	4月	宮下奈都『羊と鋼の森』本屋大賞受賞	14日、熊本地震発生
	5月	ラ・フォル・ジュルネ・オ・ジャポン２０１６「ナチュール 自然と音楽」開催 5日、冨田勲没	
	6月	10日、宇野功芳没	

平28／2016	7月	26日、中村紘子没	映画『シン・ゴジラ』公開
	8月		小池百合子が東京都知事に就任 リオデジャネイロ・オリンピック開催 8日、天皇「お気持ち」表明
	10月	ギドン・クレーメルが高松宮殿下記念世界文化賞を受賞	
	11月	新垣隆のＣＤ『交響曲「連禱」―Litany』発売	
平2/2017	1月		ドナルド・トランプがアメリカ大統領に就任
	2月	21日、スタニスワフ・スクロヴァチェフスキ没	13日、金正男没 村上春樹『騎士団長殺し』刊行
	3月	山崎浩太郎『演奏史譚１９５４／55』刊行	
	5月	ラ・フォル・ジュルネ・オ・ジャポン２０１７「ラ・ダンス 舞曲の祭典」開催 モンテヴェルディ生誕４５０年	エマニュエル・マクロンがフランス大統領に就任
	10月	ユッスー・ンドゥールが高松宮殿下記念世界文化賞を受賞	
平30／2018	3月	ドビュッシー没後１００年	
	5月	ラ・フォル・ジュルネ・オ・ジャポン２０１８「モンド・ヌーヴォー 新しい世界へ」開催	
	6月	フランソワ＝グザヴィエ・ロト&レ・シエクル初来日 16日、ゲンナジー・ロジェストヴェンスキー没	18日、大阪府北部地震 平成30年7月豪雨（西日本豪雨28日～7月8日）

月	音楽	社会
7月	東京藝術大学奏楽堂にて『戦没学生のメッセージII』開催	6日、松本智津夫死刑囚の死刑執行
8月	マルク・ミンコフスキがオーケストラ・アンサンブル金沢芸術監督に就任 ジャン＝ギアン・ケラスのＣＤ『ヴィヴァルディ／チェロと通奏低音のための６つのソナタ』発売 ミュージックバード THE CLASSIC「夏休み自由研究〜平成音楽史」（出演：片山杜秀、山崎浩太郎、田中美登里、19日放送）	
9月	第１回ショパン国際ピリオド楽器コンクール開催 愛知祝祭管弦楽団がワーグナー《ジークフリート》を上演 オーケストラ・ナデージダ第19回演奏会「ミャスコフスキーの第１交響曲」開催	6日、北海道胆振東部地震
11月	大野和士が新国立劇場芸術監督に就任 キリル・ペトレンコがベルリン・フィル首席指揮者・芸術監督に就任	カルロス・ゴーン逮捕 ２０２５年大阪万博開催決定 7日、天皇在位30年
平31／2019		
1月		12日、梅原猛没
2月	テオドール・クルレンツィス＆ムジカエテルナ初来日	
4月		1日、新元号発表 30日、今上明仁天皇、生前退位

●片山杜秀（かたやま・もりひで）
1963年宮城県生まれ。思想史家、音楽評論家。慶應義塾大学法学部教授。慶應義塾大学大学院法学研究科後期博士課程単位取得退学。専攻は近代政治思想史、政治文化論。2008年『音盤考現学』『音盤博物誌』（アルテスパブリッシング）により吉田秀和賞とサントリー学芸賞を受賞、2012年『未完のファシズム』（新潮選書）により司馬遼太郎賞を受賞。その他の著書に『クラシック迷宮図書館（正・続）』『線量計と機関銃』『現代政治と現代音楽』『大東亜共栄圏とTPP』（以上アルテスパブリッシング）、『鬼子の歌』『近代日本の右翼思想』（以上講談社）、『未完のファシズム』（新潮社、司馬遼太郎賞）ほか多数。NHK–FM『クラシックの迷宮』のパーソナリティとしても活躍。

●山崎浩太郎（やまざき・こうたろう）
1963年東京都生まれ。早稲田大学法学部卒。演奏家たちの活動とその録音をその生涯や同時代の社会状況において捉えなおし、歴史物語として説く「演奏史譚」を専門とする。日本経済新聞の演奏会評、専門誌『レコード芸術』『音楽の友』『モーストリー・クラシック』等に寄稿するほか、衛星デジタル音楽放送ミュージックバード「THE CLASSIC」のパーソナリティなどを務める。著書に『演奏史譚1954/55』『クラシック・ヒストリカル108』『名指揮者列伝』（以上アルファベータ）、『クライバーが讃え、ショルティが恐れた男』（キングインターナショナル）、共著書に『栄光のオペラ歌手を聴く！』（音楽之友社）、訳書にジョン・カルショー『ニーベルングの指環』『レコードはまっすぐに』（以上学習研究社）がある。ウェブサイト「山崎浩太郎のはんぶるオンライン」http://www.saturn.dti.ne.jp/~arakicho/

●田中美登里（たなか・みどり）
1955年愛媛県生まれ。東京藝術大学楽理科卒。ラジオ・パーソナリティ。放送各社で女性が初めてニュースを読むようになった1979年、TOKYO FMにアナウンサーとして入社し、90年からディレクターに。1989年からボーダレスな視点で制作・出演している『トランス・ワールド・ミュージック・ウェイズ』では、東京のストリート・ミュージシャンを取材した番組「泳ぐ楽園・東京版」でギャラクシー・ラジオ大賞、「小笠原：リンクする歌の島」では芸術祭放送個人賞を受賞。2002～18年ミュージックバード「THE CLASSIC」プロデューサー。

本書はTOKYO FMグループの衛星デジタル音楽放送ミュージックバードで2018年8月19日に放送したウィークエンド・スペシャル「夏休み自由研究～平成音楽史」を採録したものに大幅な加筆をほどこし、同年9月12日におこなった座談会の内容を「コラム」として追加して編集したものです。
ミュージックバードはJCSAT-2B（スペースディーバ）から日本全国に向けて放送する高音質“音楽専門”有料放送です。クラシック、ジャズの専門チャンネルのほか、スタンダードパックでは音楽ジャンル別に50チャンネルから楽しめます。詳しくは以下のサイトをご覧ください。http://musicbird.jp/

平成音楽史《へいせいおんがくし》

二〇一九年四月三〇日　初版第一刷発行

著者……片山杜秀・山崎浩太郎

聞き手……田中美登里

発行者……鈴木 茂・木村 元

発行所……株式会社アルテスパブリッシング

〒一五五-〇〇三二

東京都世田谷区代沢五-一六-二三-三〇三

TEL　〇三-六八〇五-二八八六

FAX　〇三-三四一一-七九二七

info@artespublishing.com

印刷・製本……太陽印刷工業株式会社

編集協力……渡邊未帆

ブックデザイン……日高達雄（蛮ハウス）

ISBN978-4-86559-200-9　C1073　Printed in Japan

ARTES

artespublishing.com